抵抗者
——ゲオルク・エルザーと尹《ユン》奉《ポン》吉《ギル》

田村 光彰

三一書房

目　次

VI 尹奉吉

XI　尹奉吉のレジスタンス……193

はじめに

２０１９年は朝鮮の「３・１独立運動」１００周年である。日本の侵略と植民地支配に抵抗し、独立をめざしたこの運動は、その後の世界の抵抗・独立運動に道を拓いた。ところが、日本では、取り上げられることが少ない。

他方、日本と同様にヨーロッパを侵略し、各地を併合したナチ・ドイツの歴史は、しばしばテレビで、映画で上映され、教科書でも読むことができる。例えば、フランスの製作でナチ・ドイツが占領国の子どもたちを誘拐し、アーリア人もどきの「純血な子」として育てる「ヒトラーの子どもたち」は、２０１９年、ＮＨＫで放映された。また、フランスを占領したナチスの「第２親衛隊装甲師団」（ダス・ライヒ）の残虐性と、これに抵抗し、フランスの解放をめざすレジスタンスの闘いを描いた『ダス・ライヒ』も２０１８年、ＮＨＫが前編、後編にわたり紹介した。１９４４年６月、連合軍がノルマンジーに上陸。ダス・ライヒは、これを迎え撃つためにフランス南部からノルマンジーをめざして北上を続ける。この途中、オラドゥール・シュル・グラヌという穏やかな村で虐殺を起こした。ナチスは、村に「武器が隠されている」というデマを流して、教会に400人以上を集め、爆薬を仕掛けた。教会は火と煙に包まれ、人々はわずかな隙間に殺到する。兵士たちの一斉射撃が始まる。半数以上は子どもであった。「オラドゥールの虐殺」である。

教会に住民を集め、人を丸焼きにする犯罪は、朝鮮で日本軍も犯した。1919年の3・1独立運動後、水原郡の堤岩里《チェアムリ》で、有田俊夫中尉の軍警が、天道教徒とキリスト教徒を教会に追い込んだ。教会を包囲し、集中射撃を行い、37人を教会もろとも丸焼きにしてしまった。「水原堤岩里の虐殺」である。この事件後、アメリカとイギリスの領事が視察を行い、外国で日本軍の蛮行が問題になった。これはこの年朝鮮全土で行われた数多くの虐殺の1つでしかない。

「オラドゥールの虐殺」の実行者、元ヒトラー・ユーゲントのハインツ・バールト中尉は、戦後、東ドイツで裁判を受け、終身刑に処された。NHKは、1996年にすでにこの戦争犯罪の顛末とバールト裁判の結果を『ナチスが襲った村―オラドゥール村』で報道していた。一方「水原堤岩里の虐殺」は、全貌がほとんど報道されない。有田俊夫中尉は日本の軍法会議で無罪とされたが、その顛末を知る人は少ない。

ナチ・ドイツと同盟をし、第二次世界大戦を引き起こした日本の戦争犯罪は、ドイツに比べほとんど知られていない。

私が教師をしていた頃、1回90分の講義を15回行う授業を担当した。ドイツ研究者がナチ・ドイツについて書いたテキストや論文を教科書に選んだ。本書で後にふれることになるが、「ナチス時代」の核心的部分である大統領緊急令―国会議事堂放火事件―保護検束制度―全権委任法あたりまでを解説しているものであった。8回くらいの講義が終わった時点で、教科書についての感想を書いてもらった。

感想文を集めて、私は、愕然とした。「ヒトラーはすばらしい。こういう政策をやり抜く」「私も学級委員として学ぶところが大きい」「すごい力をもっている」など、2割の学生が、ヒトラーの「実行力」に圧倒されていた。抵抗が描かれたテキストでないと、ナチ党の政策が一方的に伝わるだけだということを痛感した。どのような批判、抵抗があったのか。批判、不服従、抵抗には、勇気が要る。他との連帯も必要だ。人権を守り、発展させる視点がなくてはならない。

そこでドイツの反ナチ抵抗から、また朝鮮の対日独立運動からそれぞれ1人を選び、時代の圧政とどのように闘ったかを示すことに取り組むことにした。ヒトラーの「実行力」に圧倒されてはいけない。日本の植民地支配にほおかぶりをしてはならない。

「明治維新150年」のかけ声の下、明治以降の日本の植民地支配を美化する攻勢が強化されている。2015年8月14日の安倍晋三談話は、かつて日本は「外交的、経済的な行き詰まり」を「力の行使によって解決しようと試み」たという。しかしその行使は1931年の「満州事変」以降に限定されている。明治初期の征韓論、日朝修好条規から、琉球併合、朝鮮支配をめざした日清・日露戦争、韓国併合……は、考慮外である。

権力者は、現在と未来の支配にとって都合の悪い過去の事実を歴史から消し去ろうとする。これは記憶の抹殺であり、忘却の政策である。「権力に対する人間の闘いとは、忘却に対する記憶の闘いである」（ミラン・クンデラ：チェコ「77年憲章」署名者、のち亡命）という。

私自身もこうした視点で、２０１８年の「明治維新１５０年」、「尹奉吉生誕１１０年」、２０１９年の「３・１独立運動１００年」をとらえたいと思う。

I　ゲオルク・エルザー

日本でヨハン・ゲオルク・エルザーの名前に接する機会はほとんどない。ほんのわずかな機会の1つが、2015年に日本で上映された『ヒトラー暗殺、13分の誤算』という映画である。その後、この映画評が、新聞紙上に掲載された。1つは『毎日新聞』論説委員の中村秀明氏の、他方は同じ新聞紙上で医師・作家、鎌田實氏の文章である。

中村氏は以下のようにゲオルク・エルザーを紹介している。

「こんな人物が実在したことを初めて知った。ドイツ人の家具職人ゲオルク・エルザーだ。1939年秋、ナチス・ドイツのポーランド進攻によって第二次世界大戦が始まる。その直後、36才の彼はミュンヘンの演説会場に手造りの時限爆弾を仕掛け、総統ヒトラーの殺害を計画した(1)」

次に、鎌田實氏は次のように記している。

「『ヒトラー暗殺、13分の誤算』は、実話であることに重みがある。1人の家具職人がヒトラーを暗殺しようと時限爆弾を仕掛ける。が、ヒトラーはいつもより早く演説を切り上げ、失敗に終わる。普通の人間が強い信念を持ち、暗殺という手段に出る。それはどんな心理だったのか」[2]

お2人が述べているように、ドイツ人の家具職人ゲオルク・エルザーは、ヒトラーが演説を予定していた会場に自家製の時限爆弾を仕掛けた。爆弾は時間通りに精確に破裂した。が、ヒトラーが予定よりも13分早く会場を去ったために、殺害計画は失敗に終わってしまう。この試みは、ヒトラーへの反逆者たちが、ヒトラーを排除しようとした計画の中で、その「顛末を論証できる」[3] 42件のうちの1つである。

以下に、なぜ、どのように「普通の人間が強い信念を持ち」、自分の命を犠牲にして、ヒトラー暗殺に向かったのか、その全体像をまず歴史的な背景の中で、明らかにしたい。

(1)ミュンヒェン一揆(ビアホール一揆)

南ドイツの大都市ミュンヒェンから西に向かうと、ドナウ川沿いにウルムという人口約10万人の都市に出る。ここはアインシュタインやナチスに対する抵抗のビラ『白バラ』で知られるショル兄妹の生まれ故郷である。さらに列車で1時間半ほど北上すると、ヘルマリンゲンを経てケーニヒスブロンという町に着く。エルザーは、1903年1月4日にヘルマリンゲンに生まれ、ケーニヒスブロンで育った。

6年間の小学校時代は、とりわけ図画工作に秀でた児童であった。卒業後は家具職人をめざす。技能の習得過程は、見習い（徒弟）から始め、職人を経て親方となる。17年、近郊の中心都市ハイデンハイムにある職業学校に通い、見習い修行を開始する。19年には、器用で几帳面な仕事ぶりが評価され、優れた見習工として有名になる。将来の自家製時限爆弾につながる才能の原点となる。見習い修行を経た後、22年春、職人への検定審査で、この年の受験者の中でトップの成績で合格。23年以降、家具職人として様々な職場を体験する遍歴時代に入る。家具を製作し、修繕する腕利きの職人エルザーは、自らの能力に誇りを抱いていたので、ふさわしい賃金が支払われないと、職場を変えた(4)。就職先は引く手あまたであった。

　１９１９年は、ドイツ、イタリア、日本で共通の現象が生じた年である。ファシズ

ゲオルク・エルザー記念館（ケーニヒスブロン）

ムへの第一歩の年であった。民主主義や個人の人権を否定し、国家に至上の価値を置き、忠誠を強い、軍事力によって他国に侵略行為を行う独裁体制の端緒が開かれた。ドイツでは、1月に「ドイツ労働者党」が結成され、9月にヒトラーは入党する。翌20年、「ナチ党」(「国家社会主義ドイツ労働者党」、NSDAP)と名乗る。19年3月23日、イタリア・ミラノにて、ムソリーニは「イタリア・ファッショ戦闘団」を結成、22年10月31日、早くも政権につく。

日本では北一輝が19年8月、「日本改造法案原理大綱」を出版する。北の主張は、「普通選挙権から婦人を除外、小作の存在を「神意」とするなど、ヨーロッパ・ファシズムのスローガンと比較すると後れた思想もみられる。しかし、領土の少ない国は多い国を侵略する権利があるとし、シベリアから東南アジア、オーストラリアに至る大帝国をつくるプログラムは、ヒトラー顔負けの強盗的論理」であった(5)。

23年11月8日、ヒトラーは既に誕生していたドイツ初の共和国「ヴァイマル(ワイマール)共和国」の打倒をめざして、「ミュンヒェン一揆」を起こす。バイエルン州の州都ミュンヒェンは、共和国に敵対する右翼勢力やバイエルン王室を熱烈に支持する君主制論者たちの一大根拠地であった。この日、バイエルン州総監フォン・カールは、右翼・君主主義勢力からバイエルン州を防衛するために、ビュルガーブロイケラーという名前のビアホールで演説を予定していた。他方、ヒトラーは突撃隊を率いて、このカールの集会を乗っ取るだけでなく、ビュルガーブロイケラーを出撃地として一揆によるクーデターを試みた。集会に乗り込むや直ちに「国民革命およびバイエルン州とヴァイマル共和国両政府の廃止を宣言した」[6]
この時、クーデターに参加した突撃隊の中には、後のナチ党で重要な地位を占める面々がいた。突撃隊の指導者で、後にヒトラーに粛正されることになるエルンスト・レーム、また、第一次大戦の「英雄」で、クーデター後、ナチ党国会議員を務めたエーリヒ・ルーデンドルフ。さらには、後に中華民国政府の軍事顧問団長として短期間ではあるが、南京に赴任することになるヘルマン・クリーベルらも加わった。
この一揆は流血の後、失敗に終わった。しかし、一揆を通してヒトラーは初めて国政レベルの人物として注目を浴びた。彼は後に権力掌握後、この一揆をドイツ史における「画期的な闘いであった」[7]と自賛する。「ビアホール一揆」とも呼ばれるこの「ミュンヒェン一揆」はナチ党の重要な記念日となっていく。この日から16年後の記念日に、同じビアホールに登壇するヒトラーの演説に狙いを定め、暗殺計画を実行した人物こそが、ゲオルク・エルザーであった。

(2) 生存圏

ヒトラーは、ムソリーニに遅れること約10年、1933年1月30日に首相の座に就く。このわずか4日後に、国防軍司令官たちを前に秘密演説を行い、欧州の東部地区に新しい「生存圏」を設定する外交の基本方針を示した。

ヒトラーの内政方針は、次章に譲り、以下では「強盗的論理」である「生存圏」の展開に焦点を絞りたい。その理由は、エルザーによるヒトラー殺害計画の最大の動機に、ヒトラーの戦争阻止があるからである。計画の実行、そして失敗に到るまでのエルザーの行動に迫るため、先を急ごう。

33年の首相就任後、翌年の8月19日、ヒトラーは首相と大統領を兼ねた総統となり、完全な支配権を得た。37年11月5日、ヒトラーは会議で具体的な戦争計画を初めて指導者たちに発表する。この時の発表内容は、会議に出席し、議事を記したホスバッハ陸軍大佐の名にちなんで「ホスバッハ覚書」と呼ばれている。

これによれば、①ドイツは食糧と原料を手に入れるためには、植民地を海外にではなく、ドイツと地続きで、農耕に適するヨーロッパに求めるべきである②その際の方法は「ただ武力の道あるのみである」(8)③地続きのヨーロッパとは、まず第一に、チェコと同時にオーストリアであり、この2国を「打倒し（略）チェコに対する進攻は『電撃的な迅速さ』で行わなければならない」(9)という。

ヒトラーの生存圏構想の最終地点はロシアである。ロシアから領土を奪い、住民を排除し、追放し、この新領土をゲルマン民族のための併合地にする「東方生存圏」を計画し、原料・食糧を奪い取る目的を実行に移していった。

38年3月12日、ドイツはオーストリアに進駐し、これを併合。ドイツとオーストリアの「自衛」のためには、チェコ領内のドイツ人居住地域であるズデーテン地方が、次にポーランドが必要不可欠であるという。38年9月29日から30日にかけて、ドイツと英、仏、伊3国はミュンヒェンにて会談（ミュンヒェン会談）を行い、チェコのズデーテン地方をドイツに割譲させようというヒトラーの「強盗的論理」に同意する。領土を奪われる当のチェコの代表は招かれなかった。ヒトラーは「領土的要求はこれが最後である」と表明した。英仏は、ヒトラーが共産主義の防波堤になると信じ、ドイツに対する妥協、譲歩の「宥和政策」をとった。翌日、直ちにヒトラーは、ズデーテンに進駐開始。世界に向けて「平和の維持」であると説明した。これが「最後」どころか「領土的要求」はさらに続く。39年5月23日、軍将官を前に次のように指示している。「われわれの関心は、東方における「生存圏」の拡大であり食糧の確保である。（略）つまりポーランドに手をだサない、などというのは問題外である。残るは最初の好機をとらえてポーランドに攻撃を加える決心をするだけのことである。（略）このさい正義や不正、条約がどうのなどというのは、一切どうでもいいことである」[10]

オーストリア、チェコ、ポーランドを奪い、これらをドイツを含めて「自衛」するためにはさらにロシアが必要である。こうして「生存圏」の東側への拡大は、限りなき「強盗的論理」の実践過程となった。

①エルザーの遍歴時代

エルザーに話を戻そう。23年から遍歴時代に入ったエルザーは、ドイツ、スイスの各地の企業で家具職人の仕事をし、コンスタンツでは25年から30年まで、時計工場で働く。寡黙ではあったが、社交家でもある彼は、この町で「民族衣装協会」に入る。ケーニヒスブロンでは楽器「ツィタール協会」と「合唱協会」でコントラバスを受け持ち、これを舞踏会でしばしば演奏した。友人とのハイキングを好み、女性たちにもてる青年であった。28年、エルザーは友人の説得により「赤色戦線闘士同盟」に加盟する。

この同盟はファシズムを信奉する人々のテロからの防衛をめざしてつくられたドイツ共産党の武装組織であった。だがエルザーはこの組織に物足りなさを感じていたようである。2年ほどでこの組織を離れ、単独で行動するようになる。33年まで、選挙ではドイツ共産党に投票していた。(11) 労働者の利害を最もよく代表していると感じていたからである。

②ビュルガーブロイケラーに狙いを定める

ヒトラー殺害の意思を固めたのは、先にふれたチェコ領ズデーテン地方をドイツが奪う1938年9月末のミュンヒェン会談の頃である。この年の11月8日、エルザーは自分の計画の条件とどの会場が合っているか、下調べにミュンヒェンに来た。ヒトラーが現れる可能性のあるナチス関係の展示会場はすべて確認をした。その中でビュルガーブロイケラー（ビアホール、酒場）のホールが自分の狙いには最適であると確信する。第1に、ホールには演壇が備わっていて、この演壇のすぐ後ろには柱（写真中央の柱）があったからである。この柱に穴を空ければ、爆発物を埋め込むことができる。第2に、ヒトラーが「画期的闘い」と自賛する「ミュンヒェン一揆」を記念する集会がナチ党によってこのホールで開催されるので、ヒトラーが確実に登壇する。絶好のチャンスであった。

39年4月、寡黙なこの男は、ケーニヒスブロンの採石場に補助労働者の職を得る。時間給70ペニヒの臨時工であった。仕事仲間は不審に思った。というのも彼は腕利きで、「専門技術を持つ労働者なのに、はした金で、重い石を貨物トラックに積み込む仕事をしているからである」[12]。エルザーの狙いはただ1つ、爆発物の取得であった。ニトロ化合物などを盗み、小さな紙袋に包んでは下宿の衣装棚の下着の間に隠した。彼は再度ミュンヒェンの酒場を訪れ、現場をさらに点検し、柱の寸法をとり、写真をとった。今後、計画実現の作業をするための最善の方法は、この酒場に就職することであった。そうすれば、夜間に見張

ビュルガーブロイケラー（ビアホール、ミュンヒェン）

りがいるかどうか、出入りはどこからが良いかがわかる。たまたま若いウエーターが兵役にとられることを知り、50マルクの仲介料を支払い、その代役をめざした。しかしこの目論みは成功しなかった。

8月、ビアホールの近くの公務員夫婦の家に間借りをする。エルザーは、ここミュンヒェンにて「研磨コースで学びます」と言ったが、家主は夜間不在のこの間借り人に不審の目を向けていた。これを察知した彼は、怪しげな説明をする。「自分は夜っぴて発明に取り組んでいます、しかも公園のベンチで[13]」

貯金で生活をしていた彼は、もっと安い下宿を求めて「トルコ通り94」に引っ越す。以下はエルザーが逮捕された後、警察で訊問され、それを記録した調書から明らかになった事実である。この記録は、『南ドイツ新聞』編集部に勤務し、ニュルンベルク国際軍事法廷の記事を書いたヴィル・ベルトルトが『ヒトラー暗殺計画42』に書いたものだ（注3をご参照）。以下にこの記述を要約してみよう。

③時限爆弾設置

爆発の約2ヶ月前、39年9月初旬、エルザーは初めて仕事にとりかかる。一杯のビールで最後までねばり、飲み客が帰る頃合いを見計らって、がらくた置き場の倉庫に身を隠す。ここでウェートレスが最後の客を言葉巧みにお引き取り願う光景に、毎夜暗闇の中から聞き耳を立てる。客の動きが止まるのを確かめてから、動き始める招かれざる客エルザー。青色の仕事ズボンを手際よくサッと履く。用心のためにもう暫くの間待つ。やがて素早く、闇の中を、ヒトラーが立つであろう演壇後方の柱に急ぐ。小さなこの仕事場で、懐中電灯の光を暗くするために、これを青いハンカチで包み込む。身をかがめ、膝をついた作業であった。逮捕され、訊問をうけたとき、この時できたヒザのすり傷の跡のことを警察で追及された彼は、ついに全面自供に追い込まれた。

④見つかった招かれざる客：4度も

懐中電灯を手にした夜警が、ホールに異変が生じているかどうかを見回りに来た。少なくとも4度、この不審者は見つかった。1度目は、朝方、退散をする時に、酒場の敷地の中で、1人の老人に出会ってしまったことだった。この酒場の庭仕事をしていた人物である。この時は運良く事なきを得た。2度目は、ある晩、エルザーに向かってくるものが出現した。2匹の犬である。酒場の飼い犬で、人間の気配を感じ取ったのだ。夜ごとの侵入者に吠えかかった。彼はこの動物をなんとかなだめることができた。そこでドアを椅子で封鎖した。3度目は、倉庫のイスで居眠りをし、驚きのあまり飛び上がった時である。ある朝、何の前触れもなく突如、一人の職員がドアを開け、彼に向かって無言で近づいてきたのである。この男は引き返し、急いで上司を呼びにいった。招かれざる客人は、とっさに廊下の隅の机に座り、カバンから紙と鉛筆を取り出し、手紙を書き始めた。エルザーを発見した男が一方の側から、そしてもう一方からは酒場の支配人が近づいて来、挟みうちにした。支配人はエルザーを怒鳴りつけた。「物置で何か捜し物か」「済みません」エルザーは謝り、「私は太腿におできができ、物置部屋でつぶそうと思ったのです」。支配人は怒り「ここは誰も近寄れない場所だぞ、どうやってホールに入ったんだ」。毎夜の侵入者は「手紙を邪魔されないで書きたかったのです」と小声で言いつくろった。幸い不法侵入で警察に突き出されることもなく、彼は一難を乗り越えた。4度目は、この酒場の「青年防空警備隊」に目撃されている。

エルザーを讃える碑文（手前に石畳にはめ込まれた碑文。碑文の真上に爆弾を埋めた大理石の柱があった）

1939年9月1日、ナチスがポーランド侵略を始め、第二次世界大戦が欧州側で開始したために、各職場などに防空警備隊が結成された。朝のコーヒータイムでくつろいでいる警備隊員にとり、気に留めるほどの人物には見えなかったようだ。この時も運が味方した。

早朝に酒場から下宿に急ぐ徹夜の仕事人は、通り過ぎていくナチスの隊列が掲げる旗に向かって片手を挙げて挨拶するなどということは拒絶していた。「ハイル・ヒトラー！（ヒトラー万歳！）」をしない、という断固たる反ナチの姿勢は、冒頭にふれた映画『ヒトラー暗殺、13分の誤算』でも次のように採り上げられている。ナチスに逮捕され、訊問室ではこれから拷問が待ち受けている。すでに刑事警察局長ネーベの取り調べの最中に、秘密国家警察（ゲシュタポ）のミュラー局長が訊問室に入室する。

ミュラー秘密国家警察局長：ハイル・ヒトラー！

ゲオルク・エルザー：こんにちは！

注

（1）中村秀明「水説」『毎日新聞』２０１５・10・14

（2）鎌田實「さあこれからだ」『毎日新聞』２０１５・10・14

（3）ベルトルト、ヴィル著、田村光彰、志村恵、中祢勝美、中祢美智子、佐藤文彦、江藤深訳『ヒトラー暗殺計画・42』社会評論社、２０１５、15頁

（4）Demokrartischer Widerstand in Deutschland: (http://www.gegen-diktatur.de/beispiel)

（5）『日本大百科全書17』小学館、１９８７、９０７頁

（6）テーラー、ジェームス、ショー、ウォーレン著、吉田八岑監訳『ナチス第三帝国事典』、三交社、１９９６、２１８頁

（7）Romer, Gernot: Das Attentat im Bürgerbräukeller: in “Es gibt immer zwei Möglichkeiten...” Weissner

Verlag, 2000, P.31

（8）（9）ホーファー、ワルター著、救仁郷繁訳『ナチス・ドキュメント』ぺりかん社、１９８２、２６０～２６２頁

（10）フォン・ヴァイツゼッカー、リヒャルト『荒れ野の40年』岩波ブックレット、１９８６、20頁

（11）Romer, Gernot：前掲書、31頁

（12）ベルトルト、ヴィル・前掲書、１９１頁

（13）同書、１９４頁

Ⅱ　ナチス時代

ここで、前述の鎌田氏の設問に戻ろう。氏は「普通の人間が強い信念を持ち」「暗殺という手段に」訴える、その「心理」は何か、と記している。以下に、この問いを念頭に置き、エルザーが生き、闘った「ナチス時代」（１９３３〜45年）を考えたい。

(1) ナチス時代とは強制収容所時代

後に整理することになるナチス時代の無数の特徴のうち、まず最初に強制収容所の実態にふれたい。ナチス時代とは、強制収容所の時代であったからである。

１９５５年、フランスでアラン・レネ監督の『夜と霧』というドキュメントが制作された。日本では、一部がカットされ、ＮＨＫ衛星放送で91年8月28日に、フランス語の解説付きの35分番組で放映され、その後再放送もされている。ナチ・ドイツは、自国を含め、占領・併合した地域に約3千〜6千の強制収容所を造った（34頁）。

『夜と霧』ではアウシュヴィッツ、マウトハウゼン、ベルゲンベルゼンの各強制収容所がとり上げられているが、基本的には他の収容所にも該当する内容になっている。以下に日本語字幕の部分を「 」で再現する。

冒頭に現在の強制収容所跡地の全景が映し出され、鉄条網の向こう側に緑の大地が広がる。収容所には2重の鉄条網が張られ、逃亡、脱走防止の電流柵になっていた。強制労働は、字幕によると、「雪の中、凍りつきながら、渇きと赤痢を呼ぶ労働」であった。マウトハウゼン強制収容所の(1)「3千人のスペイン人が建設のために死んだ階段」が紹介される。続いてやせ細り「体重30キロの外国人労働者」。収容所は、強制労働をさせる場であり、雇い主は、ナチス親衛隊であり、またフォルクスワーゲン、ダイムラー・ベンツ等の一般企業であった。賃金は、労働者にではなく、収容所の管理者であり、経営者でもある親衛隊に支払われた。一般企業は、強制収容所のまわりにこぞって群がり、工場を建て、収容所の囚人を連れだして労働させた。収容者は「収容所に戻る前に」逃亡の有無を調べる「チェック」を受けた。北緯50度のアウシュヴィッツは、日本の稚内（約45度）の更に北、サハリンの中部に位置する。極寒の中で、点呼が続けられ、これだけでも多くの死者を出した。

収容所内の管理体制では、トイレが映し出される。収容棟（バラック）の左右両側に段々ベッドがあり、トイレといっても真中の通路に添って、碁石を縦に並べたような穴が空いているだけ。段々ベッドからも、用をたす姿は丸見え。匂いも音もバラックに充満する。人間の尊厳を奪い、動物以下に人を落とし込む〈用足し〉。「骨と皮、腹だけふくれ、一晩に数回通う人々」

には「トイレで出血は死を意味した」。病にかかれば「薬は足らず、何にでもポマードが使われた」「飢えて包帯を食べた病人もいた」「最後は皆、年齢不詳、目を開けて死んだ」。段々ベッドに横たわり、こちらを凝視する上半身裸の男性収容者。

労働者として使えない人間、子ども、老人はガス室で殺戮された。「毒性の強い（青酸ガスの）チクロンガスが使われた」。画面にはチクロンB入りのガス缶が4段に積まれている。「シャワー室と思わせ、人々を入れた」「（ナチス親衛隊は）扉を閉め、監察した」「たった1つの証拠は天井に残るツメ痕」「コンクリートさえはがれた」。死体は焼却炉に運ばれ、「焼くために薪が足された」

収容者の持ち物は、すべてナチスの金庫、倉庫に貯蔵された。帽子、髪の毛、裸の死体が転がり、小高い丘のように積まれている。もやがあたりに立ちこめている。小山のような髪の毛の「墓場」。カメラは「麓から頂上」に向かって、1つ1つの植物や小石を正確に写し取るように這い上がる。白髪も、産毛も。

収容者は、殺された後もナチスに貢献させられた。収容者のただ働きで利益を上げるナチス収容所産業は、髪の毛を「1キロ15ペニヒで布に」し「髪の毛の絨毯に」仕上げて売りさばいた。「骨からは試験的な肥料が作られ」、これは収容所近くに住む親衛隊家族の野菜を育てた。死体の油成分からは「石鹸が作られ」た。これらは、収容所の一部局だけでできることではなく、産業革命後の自然科学と工業技術を駆使した〈収容所一大産業〉の生産物であった。続いて、切り落とされた首が5、6個、まとめて丸籠にいれられている。かたわらに、首のない裸の収容者が、5、6人串刺しにされたまま放置されている。頭のない串刺しのメザシのように。ナチス親衛隊は、収容者の皮膚から、ランプの笠（ランプシェード）を造り、友人たちに土産として配布した。収容者は死後も、絨毯に、肥料に、石鹸に、ランプシェードに変えられ、ナチス経済と娯楽を支えた。

大企業は「無限の労働力に注目し」「工場は収容所をもった」。収容者を酷使し、搾取した企業名が列挙される。「シュタイヤー、クルップ、ヘンケル、ＩＧ‐ファルベン、ジーメンス、ヘルマンゲーリングなど」「ナチを新興都市の経済が支えた」

映像は、戦後処理に移る。連合軍が解放した収容所にゴミのように散乱する死体。恐らく腐敗が始まっているのだろう、顔が、ほおがこけ、崩れ、皆裸で。海岸に打ち寄せられた魚の死骸のよう。うつぶせに、仰向けに、目をむいた女性。死体処理では、あふれる亡骸をブルドーザーが一斉に土もろとも押しのけ、折り重なる死体は土砂と共に穴の中へ捨てられる。このシーンは、英国が解放したベルゲンベルゼン強制収容所である。『アンネの日記』のアンネ・フランクが最後に収容された場所でもある。とり残された死体を人力で運ぶ「カポ」と呼ばれる収容所の男性助手たち。干物のようにやせ細った女性収容者を、背中にかついで、墓穴に捨てる連合軍の兵士たち。或いは2人で女性の両手足をつかんで、穴底に放り投げる。死体は他の死体にぶつかり、バウンドする。穴のまわりに、頭蓋骨を並べる連合軍の兵士たち。一方で、このかたわらを制服を身につけ行進する、苦悩など微塵もなかったかのような、ナチスの女性監視員たち。〈栄養素にあふれる野菜〉を食べていたのであろう、全員が見事な体格をしている。幸い生き残ったロマ族が、鉄条網の向こうから、息をのんでこの光景を凝視する。両眼を包帯で覆っている人も。最後は、裁判の光景で終わる。「責任はない」とカポ。ナチス将校も「責任はない」

「では、誰に責任はあるのか」

強制収容所は、全ナチス時代（1933〜45年）の象徴である。というのも設立から管理・運営を経て閉鎖の全過程が、この時代と重なっているからである。ここで次頁の「強制収容所地図」を見ていただきたい。初めての強制収容所がダハウに造られたのが33年3月であり、閉鎖された収容所はベルゲンベルゼンを初めとして45年4〜5月である。ナチス時代とは、強制収容所時代であった、とも言えるであろう。

(2) 緊急令による基本的人権の抹殺

エルザーが闘ったナチス時代とは何か。ここまでは巨視的に見て、強制収容所の時代であった、と特徴づけた。以下に、主として、内政に視点を移してナチス時代を浮き彫りにしたい。ここでは、緊急令の連発による基本的人権が抹殺されていくプロセスをナチス時代とする。

自由民主党副総裁麻生太郎氏は、2013年7月29日、「国家基本問題戦略研究所」（桜井よし

第三帝国における強制収容所（田村光彰『ナチス・ドイツの強制労働と戦後処理』社会評論社、2006、42頁）

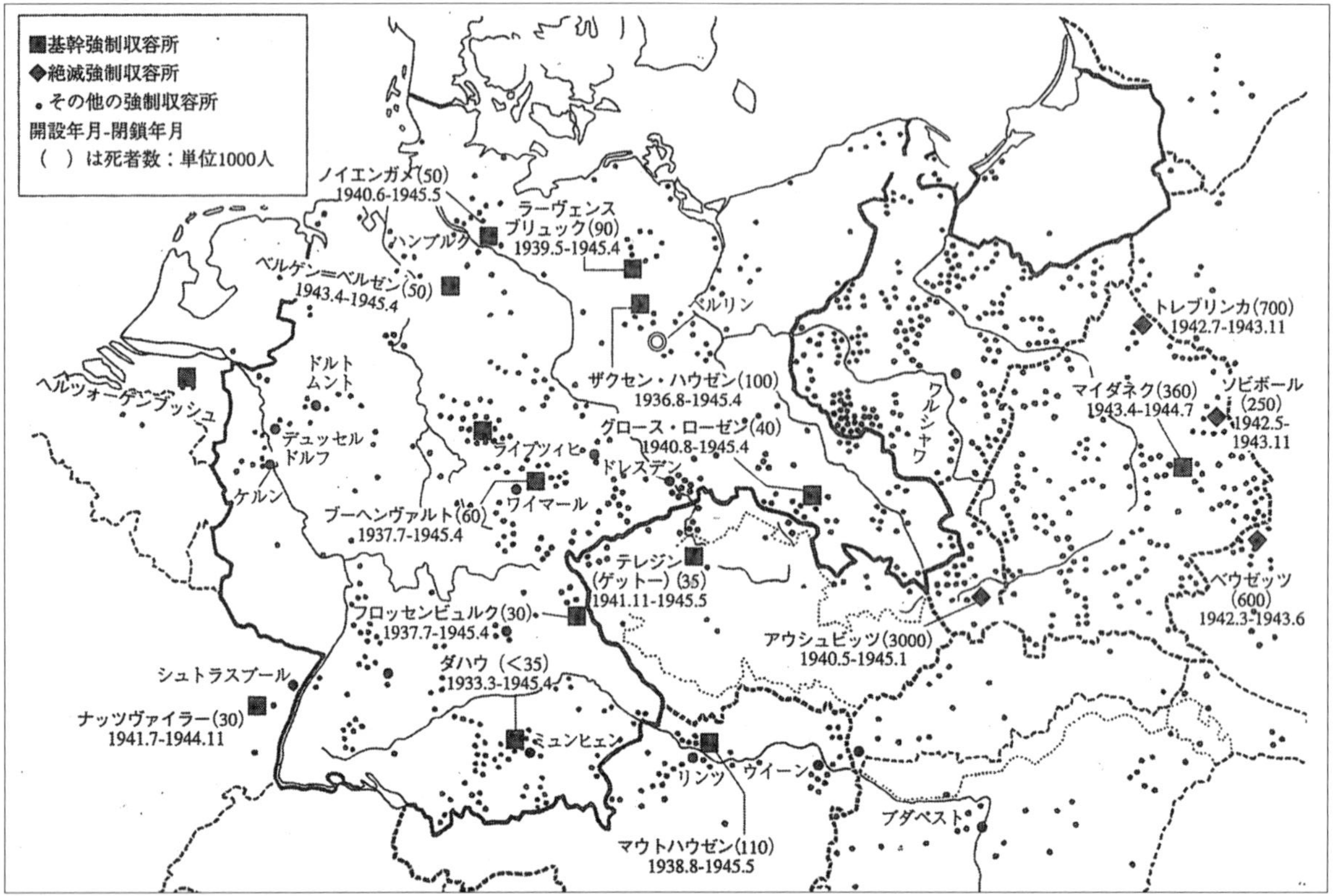

出典：Walter Goebel: Abiturwissen, Das Dritte Reich, Ernst Klett, 1987, S.115

こ理事長）の討論会で以下のように発言した。

「憲法がある日気が付いたらヴァイマル憲法がいつの間にか変わっていて、ナチス憲法に変わっていたんですよ。誰も気が付かないで変わったんだ。あの手口学んだらどうかね」（ニュースＪＡＰＡＮすぽると、２０１３年8月1日）。

この発言には多くの誤りと偏見が含まれている。ヴァイマル憲法は「誰も気がつかない」で変えられたのではなく、またヴァイマル憲法が変わり「ナチス憲法」が成立した事実もない。正確には、ヴァイマル憲法は、そのまま残り、形骸化された。この骨抜きにされ、文言だけ残ったプロセスから学ぶべきことは何か。ナチスによる「手口を学び」、2度と繰り返してならない教訓をこそ学び取らなければならない。

第一次世界大戦は１９１４年7月28日から始まり、敗戦国ドイツの臨時政府であるエーベルト社会民主党内閣が連合国との休戦協定に調印した18年11月11日まで続いた。ドイツは、敗戦を契機に革命（11月革命）を経て、エーベルト大統領のもとで、連合国との間で結ばれたヴェルサイユ条約を承認した。

19年8月11日、ヴァイマルの国民議会で、当時「最も民主的」と評価の高いヴァイマル憲法が制定された。この憲法は第1に、ドイツを人民主権にもとづく共和国である、と宣言した。第1条は「国家権力は国民に由来する」と謳っている。第2に、選挙に関しては、男女20才以上の普通選挙権、比例代表制、国民投票制を導入した。第3に「フランス人権宣言」（１７８９

年）ですでに制定された「自由権」、すなわち精神活動の自由、経済活動の自由、生命・身体の自由などを引き継いで、「社会権」（生存権）を制定した。「自由権」で信教、表現、集会結社の自由がいかに保障されようとも、また居住・移転の自由が認められていても、例えば戦争、飢餓、災害、病などにより、明日の生存が危うくては、「自由権」は実体のない、単なる紙の上の条文に過ぎなくなる。また、職業選択の自由がどんなに謳われても、選択するべき職業そのものがなければ、すなわち、高失業社会では、これも絵に描いた餅となる。「社会権」は、第一次世界大戦という巨大資本の海外侵略と労働者の貧困への反省から社会福祉の拡大、労働者の権利擁護、労使で形成する経営評議会への労働者の参加などを基本とし、現代の福祉国家の原型を成した。

しかし第4に、ヴァイマル憲法第48条は、大統領に非常の際の大権（「大統領緊急令」）を与え、「自由権」、「社会権」などの国民の基本的人権を制約する条項を含んでいた。ナチ時代とは、この48条に則り、国民の基本的人権を奪い、国内の野党、ナチスへの反対派を弾圧し、強制収容し、国外には、冒頭にふれたように、強盗的論理の「生存権」の拡大で侵略を露骨に展開し、敗北した時代である。以下にエルザーが闘った相手であるヒトラーとその時代を、主として内政に焦点を合わせ、述べたい。

（3）権力掌握から総選挙へ

①ヒトラー内閣の成立

１９３３年1月30日、ヒンデンブルク大統領は、ナチ党党首アドルフ・ヒトラーを首相に任命した。「合法的な」ヒトラー内閣の誕生である。ヒトラー内閣成立直前の国政選挙（32年11月6日）では、ナチ党に反対の政策を掲げていた社会民主党と共産党の得票率の合計（37・2％）は、ナチ党（33・1％）を上回っていた。完全比例代表制なので、議席数でも２２１対１９６でナチ党を凌駕していた。ヒトラーの本質に気づいていた人々の方が多かった。したがって、首相就任に反対する抗議活動は以前からくり広げられていた。前日も首都ベルリンのルストガルテンに10万人規模の労働者が集まり、反対の意思表示をしていた。

30日、ヒトラーは大々的なプロパガンダによる大衆操作を開始した。この夜、全国でくり広げられたバンド、太鼓、軍歌、歌曲、軍靴の踏みしだく騒音、夜空に揺れる松明《たいまつ》（炬火）の炎――耳に目に感情に押し入る、扇情的なナチスの圧力。ドイツを訪れていたアメリカの記者・ウイリアム・L・シャラーの記録を要約して示そう。

「真夜中を過ぎるまで、有頂天のナチ突撃隊員たちは、盛大な炬火行進を行った。何万という数のバンド、とどろきわたる太鼓の音、軍歌の調べを鳴りひびかせ、その声は新しいホルスト・ヴェッセル【ナチ党歌】や、古い歌曲をわめきたて、大長靴は力強いリズムで舗道を踏みしだき、炬火は高くかかげられて炎のリズムを作って夜を照らし、両側の歩道に蝟集した見物人の万歳の声にさらに気勢を添えていた」(2)

②ラジオによる画一化

この「盛大な松明行進」は、ヒトラー自身がラジオに出演し、全国放送された。ナチスはラジオの持つ効果に早くから着目し、政権に就く以前からラジオ放送を利用していた。ヒトラーが首相に就任した33年には、100万台であったラジオは、38年には950万台を記録している。各家庭にこれを普及させ、39年には、ドイツ人世帯の7割がラジオを所有している。結婚をしたカップルには贈呈もするという力の入れようであった。ラジオを「国民ラジオ」と称して、新聞、映画と共にナチス宣伝の重要な手段とした。

宣伝ポスター「全ドイツ、総統の演説を聴く」
Göbel, Walter: Abiturwissen Das Dritte Reich, Ernst Klett Verlag,1985

35年からベルリン・オリンピックの36年にかけて、「合同企業」が値段が安く性能の良いラジオ「普及型ラジオ受信機VE301」を売り出した。価格は「76ライヒスマルクで、熟練工のほぼ1週間分の賃金[3]」に相当した。価格低下の原因は、33年に大量生産が可能になったこと、また、規格の統一ができたことである。

放送内容への介入は露骨であった。放送局に「国民の時間」シリーズを義務的に課し、ここにナチイデオロギーの象徴である血と大地を盛り込み、「情緒的に訴える内容の番組[4]」を作らせた。36年、宣伝ポスター「全ドイツ、総統の演説を聴く」が張り出され、公園、駅、役所などで、否でも応でも、ヒトラーや啓蒙宣伝相ゲッベルスの演説を聴かされた。以降こうした一方的なナチスのプロパガンダは敗戦時まで続いた。

政権に批判的な放送は中止された。この有名な例は、牧師であり、プロテスタントの神学者のディートリヒ・ボンヘファーの場合である（59頁をご参照）。彼は、33年2月1日、ナチスのユダヤ人排斥を公然と批判し、ラジオでナチス批判の演説を行った。放送は途中で中止され、国民にはナチスとは異なる意見があることが伝えられなかった。政権掌握のわずか2日後のことである。国民の洗脳と画一化は、急速に進行する。

外国でもドイツ系住民の多く住むチェコのズデーテン地方やオーストリアに放送網を拡げ、ドイツ民族を支配民族とし、他の人々を蔑視する放送を流し続けた。逆に、外国からの電波を受信することを禁じた。〈他〉文化、したがって〈多〉文化の排除、「ドイツ文化、ドイツ民族ファースト」が「ナチスの手口」であり、「強制収容所」と並んでナチス時代の特徴である。

③総選挙へ

ヒトラーは、権力を掌握した翌日の1月31日、ドイツ共産党KPD機関誌『赤旗』を差し押さえた。2月1日、首相として第一声をあげ、マルクス主義と民主主義を根絶やしにすることを宣言。初閣議で国会の解散と総選挙を決定した。以降、3月5日の総選挙までに「国会炎上事件」をはさんで、2つの「大統領緊急令」を発し、基本的人権の圧殺を狙う。

具体的にみてみよう。2月2日、マルクス主義攻撃の一環として、プロイセン州で共産党のデモを禁止し、また右派により虐殺されたドイツ共産党議長の名前から命名した「カール・リープクネヒト」会館を占拠。翌3日、社会民主党機関誌『前進』を4日間の発行停止処分。この日、すでにふれたように（19頁）、ヒトラーは秘密演説を行い、「強盗的論理」で、東部に新しい「生存圏」の獲得と、国防軍が秘密裏に進めてきた再軍備を宣言する。続いて徴兵制の導入（35年）で、東側諸国への侵略方針をあらわにする。

④大統領緊急令

33年2月4日、「大統領緊急令」が布告される。布告名は「ドイツ国民防衛のための大統領緊急令」であり、今まで以上に集会、言論、報道、出版を、「おそれ」だけで制限する権限を政府に与えた。この「緊急令」の根拠は、ヴァイマル憲法第48条第2項と118条である。両条項は、以下のように定めている。

48条第2項「ドイツ国内で公共の安寧および秩序が著しく阻害されるか、またはそのおそれがある時は、大統領は公共の安寧および秩序を回復するために必用な措置をとることができる」

118条「（略）基本権の全部または一部を停止することができる」

ナチ党は、新聞各紙の「虚偽」の報道を禁じたが、何が「虚偽」なのかは、ナチ党員である内務大臣フリックが決定できた。ナチ党が「言論の生殺与奪の権限を完全に手中に(5)」収めたのである。以降、社会民主党、共産党の機関紙を根絶する作業に公然と取りかかる。

2月11日、警察は共産党機関紙編集局と印刷所を閉鎖する。2月12日、600人のナチ党員が、アイスレーベンのドイツ共産党事務所を襲撃する。2月17日、プロイセン警察が共産党本部のカール・リープクネヒトハウスを急襲する。隣国スイスでは『新チューリッヒ新聞』がこうした事態を次のように書いた。「ドイツの新聞に発行禁止命令が雨あられと乱発されている。新顔の『言論緊急取締権』とかいう権限を楯に、官憲は一切手加減せずに法規を執行している」(6)

この日、ヒトラー内閣の無任所大臣でもあるヘルマン・ゲーリングプロイセン州内務相は、全警察官に、自分の判断で、自由に武器が使える権限を与える。射撃許可命令である。ギュンター・シェーンブルーン編『世界戦争と革命1914―1945』（1970）は、以下のようにゲーリングの命令を紹介している。

「国家に敵対的な組織を駆逐するには最も苛烈な方法で対処しなければならない。この義務の遂行に銃器を使用する警察官は、銃器使用の結果についてなんら顧慮する必要はなく、それは私によって擁護されるところである。これに反して、誤った配慮でこれを拒絶する者は、懲役刑の結果を覚悟しなければならない」[7]

2月22日、同時にヘルマン・ゲーリングは、ナチス親衛隊、ナチス突撃隊、武装した右翼や国粋的な退役軍人からなる「鉄兜団」から、5万人の「補助警察」を新設した。したがってベルリンを州都とするプロイセン州には、本来の州警察機構とは別に、首都をベルリンとするナチス国家の「補助警察」が創られることになった。ゲーリングは、33年10月4日にも内相指令で、この新設の警察に向けて、ビラの配布者に対してもためらうことなく銃器の使用を命じている。法的プロセス、裁判なしの現場での即刻射殺である。

⑤国会議事堂炎上事件

33年2月27日、国会議事堂が放火により炎上する。ヒトラー政府は、直ちに「共産党による国家転覆の陰謀」ときめつけた。今日ではナチ党による自作自演であることが判明している。では、当時はどうか。当時ですら放火は、「ゲーリングの陰謀」であるという説が、事件2日後にドイツ民族主義・保守派の『ドイツ一般新聞』のフリッツ・クライン編集長により、暗示されていた。

「真摯にものを考えるドイツ国民ならば、ゲーリング大臣が共産主義者に対してとった断固たる措置を、感謝の念をもって全面的に支持するであろう」[8]

また、共産党を含めたナチスに反対する人々を弾圧するために事件を利用する政略は、裁判でも失敗した。この年の12月23日の判決では、ナチス支配下ですら、被告の共産党員全員に無罪が宣告され、オランダ人ファン・デル・ルッベのみが有罪となった。

事件後、ヒトラー反対派への弾圧はすさまじく、炎上のわずか数時間後、政治家、ジャーナリストを含む大勢の人が逮捕され、次々に強制収容される。この夜のうちに全ドイツで共産党幹部の逮捕や党事務所の家宅捜査が行われた。プロイセン州内だけに限っても数日間に約5千人が逮捕される。共産党と社会民主党の新聞は、発行禁止処分となる。警察はナチス突撃隊・親衛隊の襲撃行動に対して、介入することはなく、とりわけ親衛隊のテロ活動は、この年の夏には「ひときわエスカレートし、ヒトラーですらそれに対して警告を発したほどであった」[9]。権力を奪取した夜の松明行進―ナチスの音響と色彩を駆使した「太鼓」、「軍歌」、「党歌」、「歌曲」、「軍靴」による軍人スタイルの威圧的な行進、プロパガンダはますます全国を蔽った。

ナチスは自作自演のこの事件を最大限に利用した。第1に、3月5日の総選挙の投票日を1週間後に控えて選挙戦の真っ最中に、反対派の宣伝・論争手段を剥奪したことである。共産党、社会民主党は、ナチス公認の暴力機構である5万人の「補助警察」の弾圧の下で、両手・両脚をもぎ取られてリングに立たされたようなものである。第2に、次の大統領緊急令の発布の根拠に、この「国会議事堂炎上事件」は利用された。

⑥第2の大統領緊急令

第2の「大統領緊急令」は、別名「議事堂炎上令」とも呼ばれ、ヴァイマル憲法第48条の「大統領の非常権限」に基づいて、露骨にも翌日発布された。2月28日のこの緊急令の正式名称は、「ドイツ国民と国家の防衛のための大統領緊急令」である。2月4日の「大統領緊急令」にはなかった「国家の防衛」が名称に込められた。ファシズムの1つの特徴である、個人は国家に無条件に忠誠を尽くせ、という視点がより明瞭に出てきた。

ヴァイマル憲法に謳われていた基本的人権は葬り去られた。「人身の自由」（第114条）、「居住の不可侵」（第115条）、「信書・郵便・電信電話の秘密」（第117条）、言語、文書、印刷、図画等による「意見表明の権利」（第118条）、「集会の権利」（第123条）、「結社の権利」（第124条）などは失われた。

非常事態を定めた「大統領緊急令」は、これらの人権の停止期間を「当分の間」（第1条）と定めていたが、停止期間は次々と延長され、ついに第三帝国（ナチ時代）の終焉まで続いた。ナチ時代とは、非常事態の継続した時代である。この法令は「実質的にナチ国家の『基本憲章』の意味をもつこととなった」[10]

⑦保護検束制度

緊急令に基づいて、保護検束制度が導入された。この制度は、確かにヴァイマル時代にも存在はしたが、検束された者が、24時間以内の裁判を求める権利、調書の閲覧を求める権利、弁護人をつける権利、控訴や損害賠償を求める権利は保障されていた。だが新たな保護検束制度では、具体的な犯罪行為がなくても、「疑い」だけで、被疑者は逮捕された。裁判所が発行する令状もなく、一切の司法手続きや捜査もないまま、「予防的駆除」[11]として無期限に拘束された。報道機関は「虚偽の報道」を理由に拘束された。だが「何が」虚偽で、「誰が」そのように判断するかというと、この頃のナチ党「ビッグ・ファイヴ」の1人、内務大臣ヴィルヘルム・フリックであった。[12]警察は逮捕理由も告げず、誰でも勝手に検束することができた。「誰に対してもスパイを放ち、電話を盗聴し、組合、政党、集会を解散」させることができた。[13]3月3日、共産党委員長エルンスト・テールマンは、逮捕され、44年、ブーヘンワルト強制収容所にて銃殺される。

ヒトラー政権は弾圧制度をこうして導入したが、まだ国会は存在していた。この国会を無力化し、最終的にヴァイマル憲法を骨抜きにする措置が、次の国会議員の選挙とヒトラーへ全ての権力を委任する「全権委任法」(授権法)だ。憲法と議会の停止である。

⑧国会選挙

3月5日の総選挙を前にして、社会民主党系、共産党系の新聞の発行停止はさらに徹底する。ナチ党は突撃隊を出動させ、第1に社会民主党系200紙、共産党系35紙、部数で合計200

万部を発行禁止にした。第2に、この2党の「印刷工場や社屋を強制収容[14]」した。もともとナチ党は1919年に前身をもつ新興政党であり、1860年代に起源をもつ社会民主党に比べると、とりわけ印刷設備は貧弱であった。ナチ党により2党の設備・財産類は奪いとられ、「戦利品」として利用され、「一部の印刷工場や社屋は解体され、機械や設備は投げ売りされ[15]」、ナチ党の資金を増やした。

ナチ党は、機関誌の発行禁止、集会などへの弾圧など、対立政党の手足をもぎ取り、公然とテロ活動を行った総選挙にもかかわらず、過半数に達せず、43・9%（228議席）であった。友党である第5党の国家人民党（8%、52議席）を加えても、この2党による連立政権は、辛うじて過半数が維持できる勢力であった（51・9%、全647議席中、340議席）。他方、「議事堂炎上令」の下で、保護検束制度が猛威を振るう中、「ヨーロッパ史上、数百年におよぶ自由獲得闘争の成果が一朝にして解消[16]」させられた選挙戦で、社会民主党は18・3%（120議席）、共産党は12・3%（81議席）を獲得し、両党合計で3割を超えた。弾圧に批判、抵抗する民意が存在し、ヒトラーに無制限の権力を与えない意志が示された。

⑨全権委任法

ナチスは、ヒトラーへの無制限の権力の付与とヴァイマル憲法を最終的に停止させ、立法府の無力化を狙って「全権委任法」（授権法）を成立させる。これに到るまでの経過にふれたい。

3月10日、ヒトラーは身内の組織、すなわち党員、親衛隊員や突撃隊員に向けて直接呼びかけを行った。ドイツの革命は終わったと宣言し、これに抵抗をしてきた共産党員に的を絞り「誰彼の区別なく、警察に即時引き渡[17]」すことを促した。13日、フランクフルト市庁舎にナチ党旗のカギ十字が掲揚された。同じ日に帝国啓蒙宣伝省が設立され、ナチ党宣伝部長ゲッベルスが任命された。ラジオでは連日ゲッベルスの演説が流された。またこの日、共産党国会議員81人の議席が剥奪された。ユダヤ系市民への抑圧も強化され、フランクフルト大学のユダヤ系教職員は3月中に大学を追われる。

3月20日、南ドイツのミュンヒェン近郊の町ダハウに、ドイツ初の強制収容所が造られる。法的根拠は、2月28日の「大統領緊急令」であった。逮捕された人々は、今まで主として一般の刑務所に分散して収容されていたが、以降、ここに集中して入れられていく。共産主義者、社会主義者、政権への批判者は捕らえられ、先の保護検束制度はさらに広範囲に適用され、刑事手続きなし、身柄拘束期間、拘束場所を知らされずに収容された。

3月23日、国会は怒号の中で開かれ、ヴァイマル憲法や議会に制約されずにヒトラー政府に立法権を付与する「全権委任法」(「民族および国家の苦難除去のための法律」)が国会に提出される。翌24日、ナチスは国会決議に必要な3分の2の多数を得るために、反対派議員への恫喝とテロ行為で臨み、委任状の破棄、国会議員を拘束し、逮捕した。ナチス親衛隊と突撃隊が議場の「整理係」となり、国会の内外には、さながらナチスの包囲網が形成された。こうした戒厳状態の中で、社会民主党議員は120名中94名が議場に入れた。出席できない議員が出たのは、登院前に逮捕・拘束され、あるいは欠席をしたためである。共産党議員81名は既に議席を剥奪されていた。「全権委任法」は賛成が444票、反対は社会民主党94票で可決された。以降、議会の同意なく、すなわち国民の代表機関の立法府の同意なく、予算案をも含む全ての法案が、内閣の一存で、すなわち行政府の一存で法律となった。議会はその役割である立法権を政府に明け渡すことにより、自らの首を絞めた。

この日、ヒトラーは矛盾する内容の演説をしている。「政府は場合に応じて、議会の認可を得るべく、措置を講じ（略）議会機能を停止させることを意図的に行うことはないであろう」[18]と議会を無視しない姿勢を示し、他方で本音を表し、「このような時代だからこそ、他の一切を妨害をしても差し支えないほどの、絶対専制的な立地が必要なのである」[19]

欧州史上、数百年におよぶ「自由獲得闘争の成果」は失われ、絶対専制君主の時代に逆戻りした。この全権委任法は、第2条でナチスと国家人民党の連立政権が政権内で議決した決定事項は、ヴァイマル憲法に違反してもよいと、堂々と宣言した。憲法違反を以下のように公然と明文で書き込んだ。

第2条「ドイツ国政府が議決したドイツ国法律は（略）ドイツ国憲法に背反することが許される」

ヴァイマル憲法は継続したままでヒトラーに絶対専制の法的根拠を与えた。社会民主党議員団長オットー・ヴェルス[20]は、自由と生命は奪われても、名誉は奪われません、と議場で述べ、全権委任法反対の演説に立ち、以下のように発言した。

「ドイツに政府が生まれてこのかた、選出された国民の代表者により、社会的事象の管理・監督が、現在生じているほどひどい形でないがしろにされたことは未だなかったのでありますす（「その通り！」社民党席から）。そしてこの新しい授権法（全権委任法）により、今後もっと深刻な事態が生じるだろうと思います。政府のこうした絶対的権力は、マスコミが活動の自由を奪われている現在にあってはなおのこと、ますますひどい結果を生むでありましょう」[21]

「ヴァイマル憲法は、社会主義的な憲法ではありません。しかしわれわれは、そこに規定されている法治国家、同権、社会的権利という基本権を遵守しています。われわれドイツ社会民主党員は、この歴史的に重大な瞬間に臨み、人間性と正義、自由と社会主義の基本原則を擁護することを厳粛に宣言します（さかんな賛成の声、社民党席から）」[22]

この演説は、ヒトラー政権下のドイツで、独裁者とは異なる見解が示された最後の演説となった。

「全権委任法」は、本来「1937年4月1日をもってその効力を失う」（第5条）とされた時限立法であったが、無視され続け、45年のドイツの敗戦まで、有効であり続けた。

社会民主党、共産党に続く議席をもち、カトリックを支持基盤とする中央党（70議席）は、全議員が賛成し、その支持者や信徒にも党の方針に抗議する姿勢はほとんど見られなかった。またリベラル諸政党も賛成票を投じた。ちなみに今日のドイツの右派姉妹政党であるキリスト教民主同盟ＣＤＵとキリスト教社会同盟ＣＳＵ、それに中道政党・自由民主党ＦＤＰの源流は、この時の中央党、リベラル諸政党である。したがってＣＤＵ・ＣＳＵとＦＤＰは先人の犯したナチスへの迎合と追随、ヴァイマル憲法をナチスと共に葬り去った歴史的責任を負っている。

一方、社会民主党はこの全権委任法に勇気をもって反対はしたが、その前に多くのなすべきことがあった。第1に、ヒトラーが権力につくと、その独裁権力の自己崩壊を期待し、ひたすら〈待ち〉の姿勢に徹した。その最大の理由は、ヒトラーとナチズムを過小評価し、その大衆的な基盤の広がりと深さを把握できなかったことである。第2に、社会民主党議員より先に議会から追われた共産主義者たちの運命に、相も変わらず関心を持たなかった。第3に、最後の国会演説を行った党首オットー・ヴェルスが後に述べているのだが、ナチ時代を招いた責任は自分にある、しかし、抵抗する力がなかったという。だが、正確には、自ら抵抗する力を放棄したのである。社会民主党は準軍事組織として下部組織「ドイツ国旗団」を擁していた。この頃、社会民主党のみならず、他党も準軍事組織を養成していた。「親衛隊」はヒトラーの身辺警護から始まった準軍事組織である。２００万人もの団員を抱える「ドイツ国旗団」は、社民党事務所の機関誌印刷所の機械設備がナチス親衛隊により急襲されても、組織を掛けて抵抗することはなかった。

では共産党の方はどうか。社会民主党同様、その後13年も続くナチ党の大衆的基盤を見誤り、ヒトラーは政権についても直ぐ倒れるであろうと予測し、あろうことか、「まずヒトラー政権を、そのあとに続くのは俺たちだ」と、一時期、ナチス政権の誕生を支えてしまった。そして社会民主党に対しては、腐敗したブルジョアジーを隠す「イチジクの葉」の役割を果たしていると批判し、現在の主要な敵は、ナチ党でなく、社会民主党であるとらえ、社会民主主義をファシズムの支柱であるとアピールした。両党は、ヒトラーの政権奪取の日に、ドイツ共産党の呼びかけにより、メッスィンゲンで闘われた繊維労働者のストライキに社会民主党や労働組合が参加した事実以外に、ついに共闘することはなかった。

注)

(1) ドイツの併合地・オーストリアのリンツに開設された。ナチスは労働の過酷さを3段階に分けたが、その最悪の収容所。重労働の採石が主たる強制労働であった。現在、マウトハウゼンに限らず、全ての主要強制収容所は、保存され、記念博物館が併設され、休館日がなく無料で訪れることができる。

(2) シャイラー、ウイリアム・L、井上勇訳「第三帝国の興亡」、嬉野満寿雄、赤羽竜夫『ナチス』ドキュメント現代史3、平凡社、1973、40頁

(3) イェーガー、ヴォルフガング、カイツ、クリスティーネ編著、中尾光延監訳、小倉正宏、永末和子訳『ドイツの歴史—ドイツ高校歴史教科書』世界の教科書シリーズ14、明石書店、2009、297頁

(4) 平井正「ナチスと文化」別冊歴史読本『ナチス/ヒトラーの謎』、人物往来社、1996、381頁

(5) フライ、ノルベルト、シュミッツ、ヨハネス著、五十嵐智友訳『ヒトラー独裁下のジャーナリストたち』朝日選書、1996、17頁
(6)『新チューリッヒ新聞』1933・2・21
(7) イェーガー、ヴォルフガング、カイツ、クリスティーネ、前掲書、293頁
(8) フライ、ノルベルト、シュミッツ、ヨハネス、前掲書、19頁
(9) イェーガー、ヴォルフガング、カイツ、クリスティーネ、前掲書、270頁
(10) 同書、271頁
(11) 同書、288頁
(12) 他の4人は、ヒトラー、ゲーリング、ゲッベルス、シュトラッサーである。
(13) ホーファー、ワルター、前掲書、60頁
(14)(15) フライ、ノルベルト、シュミッツ、ヨハネス、前掲書、32頁
(16) ホーファー、ワルター、前掲書、61頁
(17) 同書、74頁
(18) イェーガー、ヴォルフガング、カイツ、クリスティーネ、前掲書、246頁
(19) 同書、247頁
(20) 1873~1939年。ヴェルスはこの演説後直ちに、プラハに亡命し、1938年以降はパリで、引き続き反ナチ運動に取り組んだ。終生献身的な党員であった。
(21) 田村光彰、高津ドロテー訳「労働運動サイドの抵抗運動」、シュタインバッハ、ペーター、トゥヘル、ヨハネス著、田村光彰、斎藤寛、小高康正、西村明人、高津ドロテー、土井香乙里訳『ドイツに於けるナチスへの抵抗1933-1945』現代書館、1998年、49頁
(22) シュタインバッハ、ペーター、トゥヘル、ヨハネス著、同書、50~51頁

Ⅲ　ゲオルク・エルザーの闘い

ゲオルク・エルザーが闘ったナチ時代とは、憲法が停止させられ、国会が形骸化され、これを批判したり、プロテストする人々を、弾圧法である「大統領緊急令」や「保護検束制度」、更には全権委任法でがんじがらめにする強制収容所体制であった。以下に、エルザーが時限爆弾を破裂させた１９３９年11月８日までに焦点を当てて、エルザーからみたナチ時代にふれたい。これを経て、エルザーの行動の評価を取り上げたい。

(1) 単独犯か共犯か

先に第I章の冒頭で、映画『ヒトラー暗殺、13分の誤算』についてふれた。「13分の誤算」とは、ヒトラーがたまたま13分早く会場を後にしたため、殺害計画が失敗したことを意味する。ヒトラーはこの事件を、２つの点で権力の維持に利用する。第１は、ヒトラー自身が、あやうく地獄行きを免れたのは「神の御手」によるものだと解釈、宣伝し、自らの思想と行動は常に神に守られていると語った。世界支配は神に選ばれた自分にこそできるという「選民意識」に利用したのだ。もう1つは、エルザーは単独犯ではなく、背後には英国とユダヤ人がいる、という「黒幕説」を機関紙などで宣伝した。既に第二次世界大戦が欧州側で始まり、ヒトラーは、英国への空爆を構想し、妄想の「国際ユダヤ人組織」の撲滅にとらわれていた。以下で、エルザーは単独犯か、それとも黒幕による「操り人形」かの議論の跡を追ってみたい。

①生かされ続けた「特別囚人」

爆弾は、39年11月6日、ミュンヒェンのビュルガーブロイケラー（ビアホール）の大理石の柱にくりぬかれた穴の中にしかけられた。11月8日21時20分に爆発するように設定されていた。エルザーは、爆発前にドイツを去り、隣国のスイスへ脱出しようとしていた。ミュンヒェンからボーデン湖畔の国境の街コンスタンツに到着。この街には25年から32年まで約7年間住み、スイスへの越境ルートを熟知していたからである。ヒトラーの演説は「数十万台の拡声器からまた数百万台のラジオからどよめきわたった。具体的には、ナチ党員たちの間で、青少年組織の間で、スポーツ協会の間で、飲食店で、そしてドイツ中のほぼすべての役所で大歓迎を受けながら」[1]。エルザーは世界史を変えるかもしれない「大吉報」が1時間後に待ち受けているなかで、コンスタンツ国境検問所に辿りついた。しかし2人の税官吏に「不法越境者」の疑いで逮捕される。

爆弾は時間通りに炸裂。23年のヒトラーによる「ミュンヒェン一揆」の老同志が7人、聴衆が7人、ウェートレスが1人命を落とし、約60人が負傷した。聴衆の死者の中には、ヒトラーが死の直前に結婚をしたエヴァ・ブラウンの父フリッツ・ブラウンもいた。エルザーは、検問所でポケットの中身が疑われた。出てきたものは「ビュルガーブロイケラー」の絵ハガキ、赤色戦線闘士同盟のバッジ、爆弾製造のメモ書き、時限装置の信管の一部であった[2]。

彼はコンスタンツからミュンヒェンのゲシュタポ（秘密国家警察）分署に送られ、連日、「共犯者」「黒幕」を自白させるための拷問とリンチに晒される。難を逃れたナチ党高官には、ヒトラーだけではなく、ヒムラー、ゲッベルス、シュトライヒャーもいた。ナチスにとり、これほどの大物を木っ端微塵に吹き飛ばす大それた計画を実行する人物とは、ここにいる何の特徴もない、一介の家具職人ではありえなかった。

いかなる拷問を加えても、1人の「共犯者」も自白させることのできないミュンヒェンのゲシュタポ分署は、エルザーをベルリンの帝国保安本部へ移す。ここで逮捕され尋問を受けた人々は、エルザーの親類縁者のほぼ全員であり、時限装置の信管を盗んだ採石場の所有者であった。この所有者は強制収容所に1年以上も拘束された。エルザーは連日の拷問のなかで、11月13日から14日にかけて完全自白をする[3]。その決め手になったものは、約2ヶ月間、大理石に穴を空け続ける際に、ひざまずいたためにできた両膝のアザであった。これを責められたのである。

エルザーは、一般刑事警察とゲシュタポの両者の取り調べを受ける中で、動機について述べている。①狙った相手は、ヒトラーだけではなく、ゲーリング、ゲッベルスも含む。3人の排除により、他の人びとが政権につくことだろう。そして新政権は「外国に対して如何なる苛酷な要求もしない」「如何なる外国をも併合しようとはしない」ドイツをつくる。②労働者は、ヒトラー時代（第三帝国）に、賃金の低下と賃金から差し引かれる額が多くなり、生活条件が悪化した　③ヒトラー・ユーゲントに子どもたちをとられ、家の「主」ではなくなってしまった　④信教の自由が奪われ、自由な心を持つことができなくなった　⑤そのためにはヒトラーだけではなく、ゲーリング、ゲッベルスら指導部をも排除する必要がある　⑥とりわけヒトラーの生存はドイツの命取りなので、犯行は全く後悔してはいない、と毅然と答えている。

　エルザーは、あらゆる拷問を受け、自白剤を強要されても、一貫して「単独で行った」と主張した。単独犯行を裏付けるため、再三にわたり爆弾製造から設置までの行動を詳細に語り、スケッチも描き、実際に時限爆弾を作って見せている。実は、警察とゲシュタポの尋問官は、エルザーの単独犯行を確信するようになっていた。1人の「黒幕」の影すら見いだせなかったからである。しかしナチス系新聞・雑誌は、「ユダヤ人組織」か、あるいは「英国（情報機関）」が影の命令者であり、資金を提供し、それに踊らされた「人でなし、人非人」がエルザーである、と書きたてた。例えば『アウクスブルク国民新聞』は、翌日に「犯人」の証拠もないのに、「確信」として次のように断定している。

　「暗殺者が男か女か――敢えてはっきりと言明しないが、総統自身への犯罪を（略）われわれは神に心から感謝することができる。神はその御手を慈悲深く総統の上にかざした。

〈略〉権力の手先である秘密情報員と金の黒幕ユダヤが昨夜の犯罪の責任をとらねばならない。これは揺るぐことのない確信である」(4)

エルザーは、初めにザクセンハウゼン強制収容所に、続いてダハウ強制収容所に収容され、「ヒトラーの特別囚人」と見なされた。雑居房ではなく広い独房に入れられ、家具職人が使うカンナかけ台や道具類の使用が認められ、家具製造が許された。また〈死なないように〉配慮された、一般の囚人とは異なる待遇を受けた。というのも彼には大きな利用価値があったからである。ナチ指導部は、第二次世界大戦がドイツの勝利で終わった場合、国家叛逆罪を扱う民族裁判所で彼を裁き、「英国に操られたテロリスト」という

ザクセンハウゼン強制収容所(この棟にエルザーは収容されていた)

判決を下そうと目論んだ。それにより、「連合国側だって総統暗殺という罪を犯したのだ」という宣伝ができ、ナチ国家が犯した残虐な戦争犯罪や人道に対する罪を、相対化できると期待した。彼はナチス高官の巨大な犯罪の軽減化を小さな両肩に担わされ、勝手に死んでは困る「特別囚人」として「優遇収容棟」で監視され、敗戦直前まで生かされた。ナチ指導部に刃を向けた彼が、今度は自分自身に向けないよう、日々見張られ続けた独房生活であった。

②20日後の生存

ドイツは戦争に勝つ見込みがなくなっていた。無条件降伏の日が近づいていたのである。ソ連軍がベルリンに迫り、ド

ザクセンハウゼン強制収容所の広大な敷地

イツ北部、西部、南部で連合国との戦闘が激しさを増し、ドイツ国民の士気は極度に低下していた。ナチスは収容されている人々の抹殺を始めた。反ナチ派の軍部と上流階級のエリートによって企てられた、ヒトラー暗殺未遂事件である44年「7月20日事件」に関与した著名な5人が、敗戦の1ヶ月前、45年4月9日、チェコとの国境に造られたフロッセンビュルク強制収容所で、一度に絞首刑にされた。この中には、ユダヤ人排斥に公然と反対の声を挙げたプロテスタントの牧師で神学者ディートリヒ・ボンヘファー[5]、ヒトラー打倒のために無数の危険を冒した海軍大将ヴィルヘルム・カナーリス、国防軍諜報部長ハンス・オスターらがいた。

同じ9日にもう1人殺された人物がいた。ダハウ強制収容所の「特別囚人」である。ドイツ勝利の展望がなくなったからであった。ゲシュタポ長官ハインリヒ・ミュラーはダハウ強制収容所司令官に対して命令した。生かす価値のなくなった男を「連合軍の空爆で死んだことにせよ」と。結局、エルザーへの裁判は一度も行われず、死体は焼却された。米軍がダハウを解

フロッセンビュルク強制収容所の碑文
碑文「独裁とテロに抗して、彼らは自由、正義、人間の尊厳を求めて命を捧げた」
オスター、カナリス、ボンヘファーらはここで殺害された

放したのは４月29日であった。３週間と数日早ければ、彼は首筋に弾丸を打ち込まれることはなかった。42才９ヶ月であった。

（2）尋問調書の発見

戦後になり、ごく少数の人々は、エルザーが買収されたナチスの操り人形ではない、とする説を公にしていた。46年、プロイセン内務相の法律家ハンス・ベルント・ギゼヴィウス(6)は、回顧録の中でエルザーを単独犯と書いた。また、エルザーの生誕地ヘルマリンゲンに近いシュナイトハイム地区のドイツ共産党ＫＰＤ委員長ヨーゼフ・シュヌアーは、自身も強制収容所体験をもち、47年『ウルム新聞』に投書し、エルザーとは31年の政治集会で初めて出会い、続けて単独説を述べている。(7)

「彼は常々ヒトラーとその取り巻き連中への暴力行為に強い関心を抱いていた（略）。次に会ったのは１９３７年であり、ナチスにより経営されていた軍需産業ヴァルデンマイアーであった。エルザーは以前に比べると急進的になっていた（略）。彼は犯罪者でもなければ、買収された男でもない。彼は信念に生きた受難者として、自由を求める闘争者としてドイツ史に記録されなければならない」

だが、この投書は掲載されることはなかった。

46年から50年にかけてミュンヒェン検察庁は、「エルザーに依頼した人はいない」との結論を得ていた。[8] これはエルザーの関係者への詳細な聞き取り調査と、戦火の廃墟の中から消失せずにたまたま発見されたエルザーの「尋問記録[9]」に基づいていた。この「尋問記録」こそ、メモや手記類を残さなかったエルザーの単独犯行説を証明する今も唯一貴重な文書資料である。しかし、これらは公表されず、50年代、60年代の終わりまで、大多数の人々の意識には「黒幕説」が生き残っていた。

(3) マルティン・ニーメラーの「黒幕説」

この「黒幕説」の拡散に尽力した人物の1人が、プロテスタント福音教会の牧師マルティン・ニーメラーであった。ニーメラーの主張は、反ナチの立場を堅持した告白教会での活動とともにしばしばとりあげられる。彼の次の回想は有名である。「ナチが共産党を攻撃したとき、自分は少し不安だったが、とにかく自分は共産主義者ではなかった。だから何も行動に出なかった。次に社会主義者を攻撃した。自分はさらに不安を増したが、社会主義者ではなかったから何も行動に出なかった。それからナチは学校、新聞、ユダヤ人等々と攻撃の幅を拡げていった。自分はそのたびにいつも不安を増したが、それでも行動に出ることはなかった。それからナチは教会を攻撃した。自分は牧師だった。だから行動に出たが、その時はすでに遅すぎた」（山本尤訳[10]）

ニーメラーはもともと国家主義者、反共産主義者であった。ナチスの勃興を「民族再生の始まり」と称えていた。第一次大戦で潜水艦司令官を務めたニーメラーは、33年、自伝の『Uボートから説教壇へ』を著し、ナチス側から絶賛される。ナチズムの愛国主義に共鳴し、ヴァイマル共和国への嫌悪感を示し、この共和国の14年間を「暗黒」と決めつけていた。(11) 後にナチ党に失望し、34年始め頃から反ナチの姿勢を強めた。34年『聖職者緊急連盟』を結成。翌年5月、プロテスタントの教会総会で、「告白教会」がドイツプロテスタントを代表する正当なる教会であることを宣言する。ヒトラーは、ニーメラーの教会での説教に怒り、逮捕命令を出す。38年3月、特別法廷で裁かれ、国家に対する破壊活動で有罪。判決は、当時としては軽い方で、城塞への7ヶ月の幽閉、2千マルクの罰金であった。同年、釈放後、ヒトラーの緊急命令で、再逮捕され、保護検束でベルリン北部のザクセンハウゼン強制収容所へ送られる。釈放され、具体的な犯罪行為がないにもかかわらず、当局の抱く「疑い」だけで、今度は「予防的駆除」として再逮捕された無数の例のうちの1つである。ザクセンハウゼンからミュンヒェン近郊のダハウ強制収容所に移送される。この両収容所で一緒だった人物こそ、ゲオルク・エルザーであった。

ニーメラーは戦後、新聞、ラジオ、講演で自らの収容所体験をしばしば語った。その内容の一端は、①「エルザーと話をしたことがある」②暗殺計画はヒトラーの個人的命令でなされたので、ナチスによる「自作自演劇」である ③エルザーもナチ党員。46年1月17日には、プロテスタント学生団体で講演し、エルザーは「ナチ親衛隊伍長」であった ④エルザーは強制収容所内では特権を享受していた。大きな部屋、ラジオ、書籍、仕事場など。

戦後、ニーメラーの「自作自演劇」説は、本人が反ナチで著名人であり、人格からも、また聖職者でもあり強制収容所体験者であったことからも重みを増し、「単独犯」説は立ち入るスキもなかった。

(4) 苦悩する遺家族

これに苦悩したのはエルザーの遺族である。戦前のナチス崇拝の時代には、エルザーは英国と結託した「スパイ」ということで、家族は迫害され、戦後のナチスへの反省の時代には「ナチ党員」として非難され続けた。それぞれの時代が許さない人物を世に送り出したとして、家族は誹謗中傷の的となった。46年2月23日、遺族はまだエルザーの生死が知らされていない段階で、ニーメラーに手紙を書いている。エルザーはナチ党員ではなかったこと、第三帝国時代には家族全員が逮捕され、迫害されたことなどが記されていた。これに対して、ニーメラーは、46年3月23日、返信を出している。エルザーに関して話した内容は、収容所内で広まっていた噂であること、またエルザーと話をしたことはあるが、一度だけであり、しかもほんのわずかの時間であったこと、その時エルザーが語った内容は「妻がニーメラーの本『潜水艦から説教壇へ』を読みました」ということだけであった。ヒトラーの暗殺に関しては話し合った事実はない、と書いている。[12]

この返信はニーメラーの社会での発言と大きくくい違っている。彼はエルザーがナチ党員であり、ナチスの手先、すなわちナチスの「自作自演」に手を貸したと言いふらしていた。遺族は再び力も持たない一介の家族には巨人に抗うカマキリほどの力も持ってはいなかった。何の手紙で抗議した。「私たちにとり屈辱的なことは、新聞がすべて、またラジオも『息子が1939年までナチ親衛隊にいた』と言いふらしていることです。ある新聞によれば、息子はナチ親衛隊軍曹であったといい、別の新聞はナチ突撃隊員だったと書いています。すべて真実ではありません。39年に逮捕されるまでナチ政体のいかなる組織とも関係がありません。村中の誰もがこのことを証言してくれます[13]」

この時にはエルザーの死を知った家族はさらに次のように書いている。「もう生きていない人は自己弁護ができません。これからも簡単に罪を着せられてしまいます[14]」

ニーメラーからの返事は来なかった。50〜60年代の大半はこうして「手先」説がマスコミの媒体にのり、家族の悲痛な哀訴を踏みつぶしていった。

(5)『ある暗殺者の自伝』

強固な「手先」説に対して、真相の究明の息吹を吹きかけたのは、65年に放映されたエルザーの紹介番組であった。「単独犯」か「手先」かが論争となった。研究者の中から未公表の尋問記録を精査する人々が出てきた。69年、テレビ映画『暗殺者』が制作され、繰り返し放映された。エルザー暗殺事件の解明は、数段の進歩を遂げた。

ところで50年代、60年代はエルザー研究にとっては、「手先」説を吹き飛ばすだけの資料が欠けていた。但し、社会ではナチス犯罪への反省と歴史を見直す動きは力を増していた。55年に『アンネの日記』が出版され、その後、前述の強制収容所時代のところでふれた『夜と霧』が上映され、収容所の実態が白日の下にさらされた。56年、連邦補償法が制定され、58年ナチス犯罪追及センターが設立される。ナチス時代に虐殺に加担したり、自らが実行した犯罪が時効で救済されることを防ぐため、65年、時効の4年延長が国会で議決される。ヴェトナム反戦を背景に世界的な学生・青年の闘い、知識人、労働者たちの体制批判は、ドイツ（当時は西ドイツ）でもくり広げられる。

ついに70年、歴史家ロタール・グルフマンがエルザーの尋問記録を、歴史家アントン・ホホと共に『ある暗殺者の自伝』にまとめ、出版し（1989年改訂版）、単独犯行説は、学問的には正しいことが証明された。しかし、エルザーの「自立（律）した人間像」が社会で認められるには、その担い手が必要であった。それこそが50年代、60年代にドイツ社会に底流として形成されていた、ナチ時代を繰り返さないという市民の連帯の力と大学闘争を担った人々である。以降で、このドイツの、とりわけ市民の運動にふれながらエルザーが今日どのように評価されているか、にテーマを移したい。

注）

（1）ベルトルト、ヴィル、前掲書、219頁

（2）Demokratischer Widerstand in Deutschland: Gegen Diktator, www.gegen-diktatur.de

（3）Romer, Gernot：前掲書、33頁

（4）同書、31頁

（5）ボンヘファー、クラウス（1906～1945）。非ナチスの姿勢を貫いたプロテスタントの告白教会とともに活動。ドイツの反ナチ運動が、連合国に敗戦まで無視される中、偽造パスポートの入手でスウェーデンで交渉するが成果なく帰国。次の言葉がとりわけ有名である。「ユダヤ人のために泣くことができる者のみが、グレゴリオ聖歌を歌うことができる」

（6）ハンス・ベルント・ギゼヴィウス（1904～1974）チューリヒ副領事。ニュルンベルク国際軍事裁判で、ナチ時代であってもヒトラーへの異議申し立ては可能であったとの立場で、上司の命令に服従せざるを得なかった、とするナチ高官に多くの証拠を示して反論した。

（7）Koblank, Peter：Georg Elser und Roter Frontkämpferbund, Mythosel-ser.de/rfb.htm

（8）Ortner, Helmut：Der Attentäter, Klöpfer und Meyer, 1999, P.224

（9）「尋問記録」は今日、コブレンツの連邦文書館に保管されている。

（10）山本尤『ナチズムと大学―国家権力と学問の自由』中公新書、1985、109頁。この回想には、様々な訳が存在する。

（11）ロベルト・S・ヴィストリヒ編、滝川義人訳『ナチス時代ドイツ人名事典』、東洋書林、2002、164頁

（12）～（14）Haasis, Helmut G.：Der lange Weg zur Anerkennung. In：Den Hitler jag' ich in die Luft, rororo, 1999, P.245

Ⅳ　ゲオルク・エルザーの評価

（1）記念碑の建設

ゲオルク・エルザー記念石（シュナイトハイム）
「殺害されたすべての抵抗闘争者のために」と刻まれている

尋問記録が出版されると、1971年、ウルムの北方に位置するシュナイトハイム地区の小さな公園が「ゲオルク・エルザー公園」と命名された。この地区は、エルザーの生まれ故郷の近くにある街ハイデンハイムの一地区である。翌年、ここにブロンズ製の銘板を取り付けた記念石が据えられた。

設置者は、ナチ時代に弾圧を受

けた人々を中心としたハイデンハイムの「ナチ政体被迫害者協会（VVN）」である。このVVNは、ドイツで、とりわけ戦後補償、反省、ナチ時代の実態の解明を市民レベルで行っている団体である。エルザーの名前とレジスタンスがほとんど知られていない70年代に、公園での碑の設置はエルザー評価の先駆的な取り組みとなった。この努力は、約10年後、83年に第2の碑の造成に受けつがれた。場所は、エルザーがスイスに向けて国境を超えようとし、逮捕されたコンスタンツ市であり、この街のシュヴェーデンシャンツエ公園の中である。建立者は、市民の研究サークル「ヨハン・ゲオルク・エルザー・コンスタンツ」であった。「心のまっすぐな、勇気ある人物が、ここの住民の意識にしっかりと根を張るように」という願いが込められていた。

(2) 記憶の抹殺に抗して

それまで1地区、1市に碑は造られただけで、全国的な関心を集めたわけではなかった。憲法、国会という最低限の民主主義的制度が廃止され、保護検束で一旦拘束されればいつ解放されるかもわからない強制収容所が網の目のように張り巡らされている弾圧下、1人でナチスに立ち向かった人間がいたことは、大多数の人々にとり、認めがたいことであった。日常的に同じ集合住宅の隣人が、また路上を一緒に歩く友人知人が連行されても、見て見ぬふりをし、息を潜めていさえすれば、また社会主義者や共産主義者のように抵抗をしなければ、さらに戦場に送られなければ、そこその生存は可能であったからである。

エルザーは、他の抵抗者たちとは異なり、エリートではなく、高度の教育も受けていない。一介の家具職人がヒトラーの弾圧体制の行く末の危険性を見抜き、1人で抵抗した。知って、行動に出た。彼はキリスト教徒ではなかったが、聖書の「御言葉を行う人になりなさい。おのれを欺いて、ただ聞くだけの者となってはいけない」（ヤコブの手紙1章）に従った。「大塩の乱」で知られる日本の陽明学者・大塩平八郎のように「知行合一」を全身で実践したエルザーは、多くのドイツ人にとって、良心の痛みであった。できれば、戦後も引き続き見て見ぬふりをしようとした。ますますエルザーは、人々の記憶から除外されていった。記憶の意図的な抹殺である。

1960年前後に、欧州で台頭してきたネオ・ナチは、人種偏見、シナゴーグ（ユダヤ教会）やユダヤ人墓地の破壊など人々の記憶の薄れに乗じて、反ユダヤ主義を標榜していた。記憶の暗殺者たちによるヘイト・スピーチ、ヘイト・クライムに立ち向かうには、市民一人一人の努力に加えて、政治家や国の指導者たちの言説、学校や社会教育の場での取り組みも必要であった。以下に、公の機関・人物での「忘れない努力」「記憶の抹殺への異議申し立て」を紹介したい。

(3) 高等学校歴史教科書

初めに高等学校歴史教科書を見てみよう。ヴォルフガンク・イェーガー他著の『ドイツの歴史』は、ナチスへの抵抗欄で「労働者」、「教会」、「市民」、シュタウフェンベルクらの「1944年7月20日・ヒトラー暗殺計画」をそれぞれ別個に解説し、「その他の抵抗運動」でエルザーを「勇気ある個人」として以下のように紹介している。

「勇気ある抵抗運動を実行した個人としては、シュワーベンの指物師ゲーオルク・エルスナー（エルザー）がいる。彼は他の抵抗グループとは何の関係もなく、1939年11月8日、ミュンヘン市民が集うビアホールで伝統的な記念行事が催されている最中に、時限爆弾でヒトラーを殺害しようとした。この暗殺計画はほんの偶然により失敗した」(1)

(4) 国立抵抗記念館

ベルリンにある国立抵抗記念館・常設展では、以下の説明がなされている。

「暴力的抵抗で、確実に迫って来る第二次世界大戦の勃発を避けよう」とした。

今日、一般に市民社会の抵抗運動には「暴力」的側面も伴うことが国際的には了解事項である。エルザーが闘ったナチ社会とは、市民社会ではさらさらなく、「大統領緊急令」や「全権委任法」で憲法は空洞化、議会は閉鎖され、すなわち国民の意見が一切反映されず、異なる見解を述べれば、逮捕され、仮に出所しても保護検束制度で再び収容され、強制収容所に連行され、殺戮される社会であった。最低の市民社会にすら到らなかったので、当然ながら、抵抗は武力を用いた暴力的抵抗を含むあらゆる形態の運動を選ぶことなしには行えない。なぜならば、市民社会には保障されている憲法、国会が共になく、あるのは息の根を止める弾圧法である、という歴史的条件においては、頼るべき他の手段がないからである。この下でのあらゆる形態の抵抗運動を、西欧ではレジスタンス、東欧ではパルチザンと呼ばれることが多い。この問題は、エルザーの対ナチス抵抗運動、次章の尹奉吉《ユンボンギル》の対日独立運動をテーマにするとき、最も重要な課題の1つなので、後ほど再度ふれたい。さらに章をあらため、世界史的視点で対独抵抗運動、植民地解放闘争を採り上げたい。

(5)ドイツ憲法(基本法)での抵抗権:「他の救済手段がない場合」

ドイツでは、現在、憲法で他の手段、すなわち「他の救済手段がない場合」、抵抗権を認めている。第20条は次のように謳っている。

「この秩序を排除することを企てる何人に対しても、すべてのドイツ人は、他の救済手段が可能でない場合には、抵抗する権利を有する」(1968年6月24日第17回改正法律で付加)

民主主義社会ならば、憲法に基づき、選挙や国会で為政者を替えることができる。ところが、為政者を替える手段が全く保障されずささやかな意思表明も弾圧法で強制収容されるナチス時代では、頼るべき「救済手段」が存在しない。この歴史的条件下での抵抗権は、暴君殺害(専制君主殺害)を排除しない。独裁者への抵抗の最後の手段として、後にテーマとするが、日本の植民地支配下の朝鮮でも、日本は憲法を施行せず、国会も開かせず、治安維持法などの弾圧法が支配した。朝鮮民衆に「他の救済手段」を与えず、批判などの異議申し立てに対して法的保護は一切与えなかった。この体制下で、この歴史的条件下でこそ、尹奉吉《ユンボンギル》を初めとする朝鮮の独立運動は検討されなければならない。

(6)ブレーメン、他2州憲法：「公権力への抵抗は、権利であり、義務でもある」

連邦国家ドイツは、16の州で国家を形成し、各州が州憲法をもつ。そのうち、ヘッセン、ブレーメン、ベルリン（州と同格）各州の憲法は、抵抗権を保障し、抵抗は「権利」だけではなく「義務」でもあると定めている。ブレーメン州の憲法19条を引用しよう。

「憲法に定められている人権が、公権力により、憲法に違反して侵害される場合は、各人の抵抗は権利であり義務である」

この条項は、1999年6月16日に付加された。その動機には、ナチス時代との関わりは直接にはないが、広く、巨視的な視点では、ナチス時代への戦後反省が底流にある。なお、付言すれば、公権力への抵抗の精神は、2018年、カンヌ国際映画祭で最高賞を受賞した是枝裕和監督の「公権力との距離」感に通じる。林方正文科相が是枝監督を招いて祝意を伝えようとしたところ、監督は、ホームページで辞退を表明したそうである。その理由は、「授賞を顕彰したいという自治体などからの申し出を全て断っている」「映画がかつて『国益』や『国策』と一体化し、大きな不幸を招いた過去の反省に立つならば、公権力とは潔く距離を保つというのが正しい振る舞いなのではないか」

公権力にベッタリくっつき、やがて一体化すると、牙を抜かれ、抵抗などは論外になる。

(7)ヒトラー自身の「抵抗論」

公権力への抵抗は、義務でもあるとする視点に近い考えは、実は、ヒトラーも主張していたのである。『わが闘争』第1巻(1924年)は、次のように述べている。

「自己目的としての国家主権はあり得ない。というのも国家主権を自己目的化すると、この世のあらゆる暴政は不可侵であり、神聖なものに祭りあげられてしまう」(2)

ヒトラーは、結局は自身を「神聖」不可侵なものに「祭りあげ」、その上に君臨する「総統」となった。なぜそれが許されるかといえば、ヒトラー自身が言うように、アーリア人のみによる「国家主権」を「自己目的」としたからである。「暴政」は抵抗により、替えられなければならない。民主的手段を保障しなかったヒトラーは、とり替えるための「他の救済手段」を求めたエルザーによって、すげ替えられる対象となった。ヒトラーこそが、エルザーを招き寄せ、「暴君暗殺」を奨励し、誘導したのだ。

(8)元ドイツ連邦憲法裁判所長官の「抵抗論」

2003年1月13日、エルザーの抵抗を世に問う「ゲオルク・エルザー週間」が開催された。

ユッタ・リンバッハ元ドイツ連邦憲法裁判所長官は、その開会式に出席し、次のように挨拶した。

「抵抗とは、本質的には、通常の合法秩序の打破である」[3]

すなわち、抵抗とは、非合法の行為なのである。非合法の行為をも含めたあらゆる人間の行動が、レジスタンスなのである。

こうした考えには、日本では違和感を持つ人が多いであろう。ドイツでは、裁判官にも市民的自由が保障され、政党に加盟することも、労組を結成することもできる。私は、この点で、元最高裁判所長官・下田武三の次の言葉の方に違和感を抱く。1971年、他の裁判官との懇談会で、下田は「裁判官は体制的でなければならない。体制に批判的な考えを持つ人は、裁判官をやめて政治活動をすべきだ[4]」と述べている。裁判官か市民かを、相いれない対立する存在ととらえ、裁判官を市民生活から排除している。

（9）政治指導者の「抵抗論」

①ヘルムート・コール首相

著名な政治指導者では、ヘルムート・コール首相が首相在任中にエルザーを称えている。彼は、保守政党キリスト教民主同盟の中でも、右派に属する政治家である。エルザーを評価した最も早い段階の発言である。彼は「7月20日事件」の50周年記念式典で記念の挨拶をした。この事件は、1944年、シュタウフェンベルク伯爵らレジスタンスがヒトラーの暗殺をめざして、失敗した事件である。式典の場所は、元国防軍の所在地すなわちシュタウフェンベルク大佐を初めとして、この事件に加わった抵抗運動の人々が射殺された場所である。「我々は、ショル兄妹の『白バラ』の犠牲者たちを尊敬します。我々は、例えば家具職人ヨハン・ゲオルク・エルザーのような単独で行動した人に思いを馳せます」

コールは、その後も、エルザーたちを称え続けている。2007年7月20日、やはり「7月20日事件」を祈念する集会で、「ヒトラーに対する抵抗は、良心と次世代に対する戒めの決起である」と評価した。

②ヴォルフガンク・ショイブレ内相

キリスト教民主同盟（CDU）の党首を務め、現在ドイツ連邦議会（下院）議長の要職にある、保守派の重鎮ヴォルフガンク・ショイブレは、コール内閣の内務大臣時代、2008年9月24日、ベルリンで開催されたエルザーの胸像の除幕式で、次のように挨拶し、市民的勇気、自由の基本価値、人権の守り手として称えた。

「ゲオルク・エルザーの行為は、実を結びませんでした。しかし無駄だったというわけではありません。多様な顔をもつエルザーの抵抗は、ドイツの新たなチャンスが実現するための礎石であります。抵抗運動の闘士たちは、あらゆる人々の市民的勇気や責任の、また自由の基本価値や人権の守り手です[5]」
武装闘争をも含むレジスタンスの「闘士」エルザーは、我々が歴史を反省した上での未来志向の視座を得られる好例である。保守派中の保守政治家ショイブレが続けて述べる言葉に耳を傾けよう。

「ゲオルク・エルザーは、長い間人々の注目を浴びなかっただけでなく、様々な誹謗中傷を浴びせられた〈無言の犠牲者〉でした。今日、私たちは感謝の念を込めて、ゲオルク・エルザーを思い浮かべます。彼は、私たちがドイツの歴史に思いを馳せ、希望に満ちて未来に眼差しを向けさせてくれる人たちの一人です[6]」

③ヴァイツゼッカー大統領

同じ保守派に属し、「過去に目を閉ざす者は結局のところ現在にも盲目となります[7]」という演説で著名な故ヴァイツゼッカー大統領は、様々な功績を残した。その1つに、ナチ時代の犠牲者とは誰か、を明確に説いた点である。「闘いと暴力支配とのなかで斃《たお》れた全ての人々を悲しみのうちに思い浮かべます」と前置きし、斃れた人々、すなわち犠牲者を列挙していく。

「ドイツの強制収容所で命を奪われた600万人のユダヤ人を思い浮かべます。闘いに苦しんだすべての民族、なかんずくソ連・ポーランドの無数の死者を思い浮かべます[8]」
大統領は、真っ先にユダヤ人、そしてドイツが侵略したソ連・ポーランドの死者を追悼する。

ドイツ人ではない。ドイツ人同胞は、この後に来る。保守派や右派は、この順序に耐えがたいものを感じた。大統領は「ドイツ人ファースト」の立場ではなかった。続けて「虐殺されたシィンティ、ロマ、殺された同性愛の人々、殺害された精神病患者、宗教または政治的信念で殺された人々、銃殺された人たちを列挙する。続く人々は、レジスタンスである。

「ドイツに占領されたすべての国のレジスタンスの犠牲者に思いをはせます。ドイツ人としては、市民としての、軍人としての、そして信仰にもとづいてのドイツのレジスタンス、労働者や労働組合のレジスタンス、共産主義者のレジスタンス――これらのレジスタンスの犠牲者を思い浮かべ、敬意を表します。積極的にレジスタンスに加わることはなかったものの、良心をまげるよりはむしろ死を選んだ人々を思い浮かべます」[9]

ここでも真っ先に列挙するのは、ドイツが侵略し、占領した地域の、外国人による対独レジスタンスである。続いてドイツ人のレジスタンスに敬意が表されている。エルザーはここに含まれると考えていいだろう。

(10) レジスタンスとは

ドイツの占領・併合政策に対して、ヨーロッパ各地で、ドイツへの協力拒否や、武力などによる抵抗運動がくり広げられた。後に、XIII章でとり上げる。ここではその予備として少しだけ述べておこう。

１９３９年９月30日、ナチスはデンマーク船に対して無差別攻撃を行った。戦時国際法の無視である。デンマークでは、ドイツ占領軍の侵入が不可避になった時、レジスタンスは全国民にユダヤの「金色の星印」をつける運動を展開した。ナチ占領軍は、ユダヤ人とデンマーク人の区別がつかなくなった。１９３９年から45年の間のユダヤ人死者数を見ると、百万人単位が、ポーランド（３００万人）、ソ連（１２０万人）。10万人単位が、ルーマニア（27万人）、チェコスロヴァキア（22万人）、ハンガリー（20万人）、ドイツ（16万人）、リトアニア（14・3万人）、オランダ（10・6万人）。以下、万人単位が、フランス（8・3万人）、ラトヴィア（8万人）、ギリシャ（7・1万人）、オーストリア（6・5万人）と続き、千人単位にイタリア（8千人）、エストニア（1千人）、ダンツィヒ（1千人）、百人単位にノルウェー（７２０人）、ルクセンブルク（7百人）、アルバニア（2百人）が続く。

わずか77人――これはデンマークである。40年4月、ドイツ軍はデンマークを占領する。レジスタンスが武装蜂起する。ドイツ軍事施設への奇襲などの武力攻撃、ドイツ軍の武器弾薬を運ばせない鉄道路線のサボタージュにも取り組んだ。「星印」をつける非暴力運動と武装抵抗――ユダヤ系市民を守る戦い、あらゆる抵抗運動、レジスタンスが成果を挙げた1例である。

どの国でもレジスタンスに共通する運動は、占領者に恐怖を与える闘いから、抑圧された人々への創意工夫に満ちた非暴力の活動まで多種多様である。弾圧された仲間、同志に隠れ家を提供し、匿《かくま》ったり、捕まった仲間の家族に援助の手を差しのべたり、逃走・亡命ルートの確保も重要なレジスタンスの闘いである。

匿った人々への食糧の提供。『アンネの日記』のアンネ・フランク一家と他の家族の合計8人は、隠れ家生活の2年と1ヶ月の間、ミープ・ヒースら命がけの支援者たちによって食糧が届けられていた。また亡命する人々へのパスポートの偽造作業、逃走資金の援助、亡命地、亡命ルートの選定なども必須のレジスタンスである。ドイツ軍の武器製造と使用状況の情報を獲得し、これを武装闘争部門のレジスタンスに報告する。また、専門技術者や学者の脱走を可能にするネットワークの構築。移動するドイツ軍を阻止する列車の爆破。これらの闘いを同志、国民に知らせ、更なる情報の獲得と周知のための非合法の新聞の発行、無線連絡網の作成。これら非合法から合法の無数の闘いが、先の元連邦憲法裁判所長官リンバッハの「抵抗とは合法秩序の打破」という発言に繋がる。ナチス占領下、併合下では、政府機能が廃止され、ナチ占領軍がすべてを支配する。憲法や国会なども廃止され、弾圧体制そのものの占領軍が常駐する。もし「合法秩序内で抵抗を」と勧める人がいたならば、それは、強制収容所に送られることから逃げようとし、他国に亡命する人に、「ナチ占領政府に亡命許可証をもらいなさい」と説教するに等しい。亡命そのものが「合法秩序の打破」なのである。

またオランダで「ユダヤ人はナチ占領軍に出頭せよ」との命令が出ているときに、隠れ家に入ること（「国内亡命」）そのものが、また食糧、生活用品を隠れ家に届ける支援活動そのものが非合法なのである。非合法でしか命が守れない、これが占領・併合の実態である。

ヴァイツゼッカー演説は、ユダヤ人、ソ連・ポーランドの死者を真っ先に追悼することで、被害者とは誰なのか、をドイツ国民に示した。演説はさらに続き、犠牲者とはドイツ民族よりも、「他の諸民族」であると訴える。「(ドイツが敗北すれば) ドイツ民族など滅びてしまうがいいーヒトラーは繰り返しこう述べております。われわれ自身が自らの闘いの犠牲となる前に、まず他の諸民族がドイツを発火点とする戦いの犠牲となっていたのであります[10]」

演説は、同時に、武装から非武装までのあらゆる闘いをくり広げた対独レジスタンスの正当性を称えた。

(11) 連邦政府(財務省)切手発行

2003年、エルザー生誕100周年を記念して、特別切手が発行された。特記すべきは、ドイツで国会に議席を持つ政党で、最右派のキリスト教社会同盟(CSU)の重鎮テーオ・ヴァイゲルもこれに賛同したことである。この意義は大きい。この政党は、たびたびナチスとの近親性が伝えられる。発行の経過を追ってみたい。ブレーメンに拠点をもつ「エルザー市民運動」は、「切手行動」を開始する。発行を市長に働きかけ、この市民運動をブレーメン州政治教育中央センター、国立ドイツ抵抗記念館、ケーニヒスブロン・ゲオルク・エルザー記念館が支援する。市民運動は、連邦財務相の特別切手「選定審議会」に発行の審査を要請する。

要請状には、①正義とヒューマニズムに鋭敏な感覚を持っていた人、ゲオルク・エルザーは、早いうちからナチスの犯罪的な性格を見抜いていました。１９３９年11月8日、彼はミュンヒェンのビュルガーブロイケラーで、独裁者に対する最初の、真の暗殺計画を、誰の助けも借りず、実行しました。暗殺計画は失敗し、彼は捕らえられました。尋問では「私は、今以上の流血（の惨事）を阻止しようとしました」と答えています。45年4月9日、彼が予見した悲惨な時代の終わる頃、彼はダッハウ強制収容所で殺害されました。②私たちは要請致します。エルザー生誕１００周年にあたり、記念切手を発行して、この勇気をもった人を心に刻み、その行為を讃えることを。

連邦財務省は、当初、切手の発行を要請する「切手行動」は、今までには存在しなかった、と「前例なし」を根拠に難色を示していた。しかし、数千通以上のハガキが、この「要請状」を添え連邦財務省に届いた。とりわけ中道左派の社会民主党、リベラル左派の緑の党、保守派のキリスト教民主同盟の連邦衆議員議員からの要請状も届けられた。この取り組みが成功した主因は、連邦法務大臣ヘルタ・ドイブラー・グメリン（社会民主党）、最右派のテーオ・ヴァイゲル（CSU）の賛意である。

エルザーの切手

切手は図案を募集し、コンクール（コンペ）を経て、発行されることになった。

読者の中には、かつてあるいは現在も、切手を集めている方もおられるであろう。「切手ファン」にとり、魅力の1つは、新国家誕生時に発行される記念切手の蒐集であるという。切手の発行が、国家の成立を知らせる。特にそのデザイン、絵柄は、国家が何を世界に訴えているかを示す。切手は〈世界に開かれた窓〉である。〈窓〉からは、エルザーが、テロリストではなく、「正義、勇気、ヒューマニズム」を兼ね備えた抵抗闘争者であることが見えてくる。

(12) 記念公園設置

道路、公園、広場、学校、記念碑、「研究グループ」に、エルザーの名を冠したところが、2012年段階で48ヶ所あり、その後2015年段階では、54ヶ所に増えている。85、84頁の表は、その設置された市町村を示す。

先に本章の「(1) 記念碑の建設」(67頁) の項で、1971年にドイツで初めてシュナイトハイムに「エルザー記念公園」が造られ、約10年後にコンスタンツ市に記念碑が設置されたことにふれた。ここから目を転じて、バイエルン州の州都ミュンヒェン市の取り組みをとり上げたい。ミュンヒェン市は市民運動による広場造りとエルザー賞の創設運動で知られている。

エルザーが、貯金を食いつぶしながら3ヶ月間にわたり下宿先のトルコ通りからイザール川の向こう岸のビュルガーブロイケラー (ビアホール) まで執念を抱いて通った街ミュンヒェンでは、1982年まで記憶にとどめる行事は皆無であった。この年、州の保守与党キリスト教社会同盟の党員で、ユダヤ人の一人が、エルザーの仕掛けた爆弾で崩れた酒場の柱の一本に、パネルを掲げた。こうした個人の取り組みはあっても、州都としては何の取り組みも行わなかった。これに対してジャーナリストのヘラ・シュルムベルガは、94年、市民に呼びかけ、行政側と粘り強い交渉を開始した。集会を開催して市民の意見を集約し、ミュンヒェン市文化委員会や建設委員会に「祈念の場」となるような広場の建設を提案した。彼女には何の回答も寄せられなかった。彼女は行政の沈黙と無関心に抗して今度は直接行動に出た。青と白のペンキと木材を使い、広場の所在を指し示す道路標識「ゲオルク・エルザー広場」を造り、これを一枚の葉書に写した。そしてメッセージ「ゲオルク・エルザー広場を今すぐに！」を添えて、街頭でビラとともに市民に配布し、行政の姿勢を問いただした。運動は功を奏した。市建設課、文化課には多くの市民の声が寄せられた。ついに97年、エルザーが下宿していたトルコ通り94からすぐ近くの74の地に小さな公園が設置され、「ゲオルク・エルザー公園」と名付けられた。公園への方向を示す道路標識には次のように記された。

「ゲオルク・エルザー（1903-1945）国家社会主義に対する抵抗者（1939年11月8日ビュルガーブロイケラーにて暗殺の企て）」

碑が建てられた自治体	祈念碑、警告碑	公園広場緑地	協会員	作業場	道路					市民運動(サークル)	学校	逮捕	生誕遍歴住居墓
					小路	通り	環状道路	階段道路	並木道				
ホルツゲーリンゲン Holzgerlingen					○								
ヒュルト Hürth						○							
ケルン Köln						○							住居
ケーニヒスブロン Königsbronn	○4			□						○	○		学校 墓
コンスタンツ Konstanz	銘板	広場		□						○			住居
クロイツリンゲン Kreuzlingen			○										
リップシュタット Lippstadt						○							
メールスブルク Meersburug				□									住居
ミュンヒェン München	○3	広場 1997								○ 2001			暗殺
ムルハルト Murrhardt					○								
オラーニエンブルク Oranienburg										○			
ラシュタット Rastatt						○							
ライネ Rheine							○						
ザクセンハオゼン Sachsenh.	○											拘禁	
シュヴェービッシュハル Schwäbisch Hall					○								
ゾルタオ Soltau									○				
ズューセン Süssen					○								
シュトゥットガルト Stuttgart								○		○			訪問
タルプ Tarp						○							
トラウンロイト Traunreut					○								
トゥットリンゲン Tuttlingen						○							
ウルム Ulm					○								
ウナ Unna						○							
ウンターシュライスハイム Unterschleissheim						○							
ファイヒンゲン Vaihingen						○							
ヴァインガルテン Weingarten						○							
ヴァインハイム Weinheim						○							
ヴェストハオゼン Westhausen						○							

（2007年現在）

Georg-Elser-Arbeitskreis-Heidenheim：Gerg Elser Landkarte（www.georg-elser-arbeitskreis）より作成

エルザーを抵抗者として讃える場所・運動体

(1) 市民運動(サークル)は、設立年を数字で表す
(2) ○に付加された数字(例えば○ 4)は、祈念碑・警告碑などが4つあることを示す。
(3) フランクフルトは、フランクフルト・アム・マインを、ホホハイムは、ホホハイム・アム・マインを示す。
(4) □印 企業・職場の作業場 ■印 監獄内作業場 ◎印 独房に入れられたところ ●印 殺害されたところ

碑が建てられた自治体	祈念碑、警告碑	公園広場緑地	協会員	作業場	道路					市民運動(サークル)	学校	逮捕	生誕遍歴住居墓
					小路	通り	環状道路	階段道路	並木道				
アーレン Aalen				□									
アルテス・ラーガー Altes Lager					○								
アルツアイ Alzey						○							
ベルク Berg						○							
ベルリン Berlin	○3			■						○ 2007	○	尋問 拘禁 ◎	
ベルンリート Bernried													遍歴
ベーズィングハイム Besingheim							○						
ビーバータール Bibertal					○								
ビーティヒハイム Bietigheim						○							
ボッティヒホーフェン Bottighofen				□									
ブレーメン Bremen					○					○05			
ブルクドルフ Burgdorf						○							
クライルスハイム Crailsheim					○								
ダハウ Dachau				■	○							◎●	
デッギンゲン Deggingen						○							
デッゲンドルフ Deggendorf						○							
デイツィンゲン Ditzingen						○							
ドルマーゲン Dormagen					○								
エアランゲン Erlangen					○								
フランクフルト Frankfurt						○							
フライブルク Freiburg	○ 2002					○							
ガルプゼン Garbsen											○		
ギュンツブルク Günzburg						○							
ハイデンハイム Heidenheim	○	緑公		□						○03			住居
ヘルマリンゲン Hermaringen	○					○ 1984							生誕
ホホハイム Hochheim						○							

（13）ゲオルク・エルザー賞

ミュンヒェン市は、自治体で唯一、「ゲオルク・エルザー賞」を授与することで知られている。この賞は２００１年から２００７年まで、ベルリンの国立ドイツ抵抗記念館と市民運動「ディ・エルザー・イニシャティーヴェ」が共同で、市民的勇気を示した人に授与してきた。第１回の受賞者は、ユルゲン・クヴァント神父であり、その「教会庇護」に対して与えられた。ドイツに逃れて来た難民を、国家がドイツ国外に追放するのを阻止し、教会で庇護をする意志を

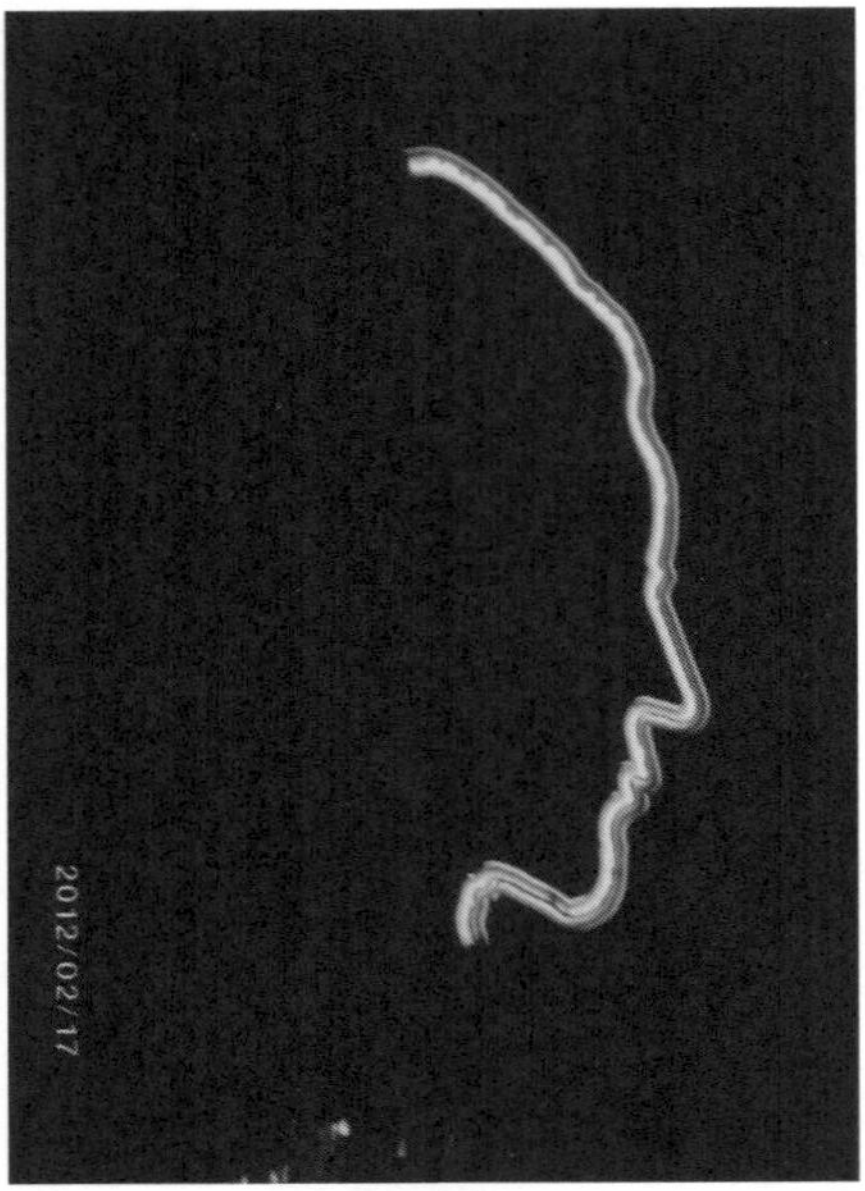

ゲオルク・エルザーの夜景に浮かぶシルエット（ベルリン）

ゲオルク・エルザー広場の表示（ミュンヒェン）

示した勇気と運動が受賞理由であった。

２０１３年から議会では同盟90／緑の党、社会民主党が主導し、議会外市民運動との協力で、授賞主体をミュンヒェン市に移管し、５千ユーロの贈呈が決められた。以下に同盟90／緑の党の見解を記したい。①エルザーは、忘れられたすべての抵抗闘争者の中で、最も忘れられた人である。②エルザー賞の意義は、民主主義が何よりもまず第１に１人１人の行動力を原点としていることにある。③ミュンヒェン市がこの賞を授与することで、今まで以上に偉大な抵抗闘争者の側にたつことを宣言し、彼の功績を高く評価することになる。

次に、２０１２年５月30日にミュンヒェン市議会に提出された３つの議会会派、すなわち社会民主党、同盟90／緑の党、ローザ・リストの共同提案の内容を見てみよう。

その趣旨は①社会の非民主的な動きに反対し、これに市民的勇気、市民的不服従、勇敢な行為で立ち向かったり、同時に、声を挙げることができない弱者のために行動をした人を、市が表彰する。②極右の風潮や組織に対して、市民が学ぶことができ、模範となるような取り組みをする個人、運動団体、施設や機関に賞は与えられる。③賞は２年に１度授与される。

(14)「ゲオルク・エルザー・イニシャティーヴェ・ミュンヒェン」

自治体がエルザー賞を授ける当事者になったことの意味は大きい。ミュンヒェン市は、現在人口で、ベルリン、ハンブルクに次ぐドイツ第３の都市であり、無名のヒトラーをドイツ中に知らせた「ミュンヒェン一揆」の発生地でもある。ナチ時代にはナチ党本部や総統館があり、ナチ党、ナチ親衛隊、ナチ突撃隊が創設された、まさに〈ナチス都市〉であった。ベルリンの壁が開いた1989年頃から、こうした負の歴史を見つめ、戦後反省を実現する市民運動「ゲオルク・エルザー・イニシャティーヴェ（市民運動）・ミュンヒェン」が活動を開始した。この運動は、組織をもたない個人でも、誰にも目立たずにナチ・ドイツの全体主義的な社会体制に対する闘いに貢献することができたのだ、と訴えている。

また、次の点は大変重要である。戦後初期のドイツ人が「ナチ時代に何をしていたの？」と問われ、その多くが「何も知らなかった、また何もできなかった」と答えていた事実に対して、この市民運動は、エルザーを見てほしい、苦難の中でも1人で立ち向かった男がいた、と反論した。多くの人々は「知っていて、何もしなかった」のである。「知行合一」ならぬ「知行非合一」であったのだ。ドイツの抵抗史に、エルザーの名前を刻むことも運動は目的とした。ミュンヒェン大学の学生や教授の『白バラ』や『7月20日事件』と同等に市民の記憶にエルザーを根付かせようと、講演会、パンフレット、催し物、トークショウ、フィールドワーク等、多彩な活動を展開している。市議会では党派を超えて支持を獲得している。

(15)「誰が偉大なドイツ人か」——100人を挙げる

ドイツには、公共テレビ放送が2種類ある。1つはARD（第1テレビ・ドイツ公共放送連盟）であり、他はZDF（第2テレビ）である。ZDFは「誰が最も偉大なドイツ人か」という問いに対するアンケート結果を、2003年11月に5つのドキュメント番組で公表した（91、90頁）。2003年9月15日までの6週間をかけた調査で、約9万人が参加した。インターネット、携帯メール、電話、葉書を通して、重要な人物100人を選出した。この調査によれば、国民が考える「最も偉大な人物」第1位は、西ドイツ初代首相のコンラート・アデナウアーであり、第2位は宗教改革で著名なマルティン・ルター、第3位は経済・哲学者のカール・マルクス、第4位は『白バラ』で知られる反ナチレジスタンスのハンス・ショル、ゾフィー・ショル兄妹、第5位は西ドイツ首相であり、東方外交を積極的に推進したヴィリー・ブラントが選ばれている(11)。

ゲオルク・エルザーは、97位に位置している。直前に、詩人のハインリヒ・ハイネが、直後に辞典編集者、言語学者のコンラート・ドゥーデンがランクインされている。ノーベル文学賞受賞者のトーマス・マン、ヘルマン・ヘッセが76、77位、「68年学生運動」のリーダーで早世のルディ・ドゥチュケが85位。特記すべきは、人名ではなく、第二次世界大戦後の復興をめざして、女性たちが廃墟の中で瓦礫を取り除いた労苦に由来する「ディ・トリュマーフラオエン」（瓦礫をかたづける女性たち）が、88位を占めていることである。エルザーまでの90位台には、画家のデューラー（91位）、ボクサーのシュメリング（92位）、自動車開発のベンツ（93位）、プロイセン国王・フリードリヒ2世（94位）が並ぶ。こうした人々と共にランクインされているのを見

51 ロベルト・コッホ	医師
52 ヨシュカ・フィッシャー	外相
53 カルル・マイ	作家
54 ローリット	作家、コメディアン
55 アルベルトゥス・マグヌス	哲学者
56 ルディ・フェラー	サッカー選手、スポーツデイレクター
57 ハインツ・エアハルト	コメディアン
58 ロイ・ブラック	歌手
59 ハインツ－ハラルト・フレンツェン	F1レーサー
60 ヴォルフガンク・アーペル	動物保護連盟会長
61 アレクサンダー・フォン・フンボルト	自然研究者
62 ペーター・クラウス	歌手
63 ヴェルンヘル・フォン・ブラウン	ミサイル設計者
64 ディルク・ノヴィッキー	プロバスケットボール選手
65 カンピーノ	リード・シンガー
66 フランツ・ヨーゼフ・シュトラウス	キリスト教社会同盟政治家
67 セバスティアン・クナイプ	自然療法家
68 フリートリヒ・フォン・シラー	文豪
69 リヒャルト・ヴァーグナー	作曲家
70 カタリーナ・ヴィット	フィギュアスケート選手
71 フリッツ・ヴァルター	サッカー選手
72 ニコル	歌手
73 フリードリヒ・フォン・ボーデルシュヴィング	牧師
74 オットー・リーリエンタール	航空技術のパイオニア
75 オットー・グレーフィン・デンホーフ	ジャーナリスト
76 トーマス・マン	ノーベル文学賞受賞者
77 ヘルマン・ヘッセ	ノーベル文学賞受賞者
78 ロミー・シュナイダー	女優
79 スヴェン・ハナヴアルト	スキージャンプ
80 「シシー」	オーストリア皇后エリザベート
81 ヴィリー・ミロヴィチュ	民衆劇俳優
82 ゲールハルト・シュレーダー	首相
83 ヨーゼフ・ボイス	芸術家
84 フリードリヒ・ニーチェ	哲学者
85 ルディ・ドウチュケ	学生運動リーダー
86 カルル・カルディナール・レーマン	マインツ枢機卿
87 ベアーテ・ウーゼ	企業家
88 ディ・トリュマーフラオエン	瓦礫をかたづける女性たち
89 カルル・フリードリヒ・ガウス	数学家
90 ヘルムート・ラーン	ゴール・ゲッター
91 アルブレヒト・デューラー	画家
92 マックス・シュメリング	ボクサー
93 カルル・ベンツ	自動車の開発者
94 フリードリヒ二世	プロイセン国王
95 ラインハルト・マイ	歌手
96 ハインリヒ・ハイネ	詩人
97 **ゲオルク・エルザー**	抵抗闘争者
98 コンラート・ドゥーデン	辞典編者、言語学者
99 ジェームズ・ラスト	音楽家
100 ウーヴェ・ゼーラー	サッカー

誰が最も偉大なドイツ人か（ドイツ公共放送ZDF調査、2003.11.29発表）

1	コンラート・アデナウアー　1876-1967	政治家、ドイツ連邦共和国首相
2	マルティン・ルター　1483-1546	宗教改革者
3	カール・マルクス　1918-1883	哲学者、経済学者
4	ハンス、ゾフィー・ショル兄妹　1921/1918-1943	抵抗闘争者（『白バラ』）
5	ヴィリー・ブラント　1013-1992	政治家、ドイツ連邦共和国首相
6	ヨハン・セバスティアン・バッハ　1685-1750	作曲家
7	ヨハン・ヴォルフガンク・フォン・ゲーテ　1749-1832	文豪
8	ヨハネス・グーテンベルク　1400-1468	活字印刷機発明者
9	オットー・フォン・ビスマルク　1815-1898	政治家、ドイツ帝国宰相
10	アルベルト・アインシュタイン　1879-1955	自然科学者、物理学者
11	アドルフ・コルピング	神学者
12	ルートヴィヒ・ファン・ベートーヴェン	作曲家
13	ヘルムート・コール	首相（東西ドイツ統一時）
14	ロベルト・ボッシュ	企業家
15	コンラート・ツーゼ	コンピューターのパイオニア
16	ダニエル・キュプルベック	歌手
17	ヨーゼフ・ケンテニヒ	修道士
18	アルブレヒト・シュヴァイツアー	医師
19	カルルハインツ・ベーム	俳優、救援活動
20	ヴォルフガング・アマデウス・モーツアルト	作曲家
21	ヘルムート・シュミット	元首相
22	レギー・ヒルデブラント	政治家（社会民主党）
23	アリス・シュヴアルツアー	フェミニスト
24	トーマス・ゴットシャルク	テレビ司会者
25	ヘルベルト・グレーネマイアー	ロック歌手
26	ミヒャエル・シューマッハー	F1レーサー
27	ルートヴィヒ・エアハルト	元首相
28	ヴィルヘルム・コンラート・レントゲン	物理学者
29	ギュンター・ヤオホ	テレビ司会者
30	ディーター・ボーレン	ポップ歌手
31	ヤン・ウルリヒ	自転車競技の選手
32	シュテフィ・グラーフ	テニスプレーヤー
33	ザムエル・ハーネマン	ホメオパシー（療法）の創始者
34	ディートリヒ・ボンヘファー	神学者
35	ボリス・ベッカー	テニスプレーヤー
36	フランツ・ベッケンバウアー	サッカー選手（サッカー界の「皇帝」）
37	オスカー・シンドラー	ユダヤ人の救い手
38	ニーナ（・ハーゲン）	歌手
39	ハンスーディートリヒ・ゲンシャー	元外相
40	ハインツ・リューマン	男優
41	ハラルト・シュミット	テレビ司会者
42	フリードリヒ二世	プロイセン王
43	イマヌエル・カント	思想家
44	パトリック・リンダー	歌手
45	ハルトムート・エングラー	歌手
46	ヒルデガルト・フォン・ビンデン	神秘思想家
47	ハインリヒ・ハイネ	歌手
48	リヒャルト・フォン・ヴァイツゼッカー	元ドイツ連邦共和国大統領
49	クラウス・グラーフ・フォン・シュタウフェンベルク	抵抗闘争者
50	マレーネ・ディートリヒ	女優

ると、エルザーの認知度は高いと言えよう。彼にはレジスタンス（抵抗闘争者）という説明が付いている。

憲法の「他の救済手段」が不可能な場合の「抵抗」観、コール元首相、故ヴァイツゼッカー大統領、ショイブレ現ドイツ連邦下院議長ら政治指導者たちが示す「勇気あるレジスタンス」像が国民に根付いている。そして市民は、単に指導者たちの言葉を受けとるだけでなく、自らも各地に碑を建設することを通して、歴史におけるレジスタンスの意味、価値を伝え続けている。碑は今も増え続けているのである。

注目すべきは、日本では大変有名な指揮者ヘルベルト・フォン・カラヤン、哲学者のマルティン・ハイデガーは、この中に入っていない。両者ともナチ党員であった。とりわけ後者は、一貫してヒトラーとナチズムを礼賛し、最後まで党費を払い続け、ホロコーストと収容所体制に加担し、戦後もそれを一切反省せず、終生忠実なナチ支持者だった。「戦後は何もかもがひどく、ナチ時代より悪くなっている」と書いている。いわばエルザーの対極にある人物である。(12)

ここまで、ドイツの外交・内政政策である「生存圏」構想や収容所体制を述べ、これへの抵抗としてゲオルク・エルザーの「勇気ある闘い」を記してきた。エルザーは、時限爆弾を炸裂させた１９３９年11月８日以降は逮捕され、強制収容所に入れられたまま、ついに裁判なしに殺された。ドイツ敗戦の20日前であった。エルザー逮捕後の、ドイツのその後を記すことで、ナチス時代の全体像の一端を明らかにしたい。以降の記述にはエルザーは登場しない。エルザーは「今以上の、流血の惨事の阻止」を望んだがそうはならなかった。その後のナチ・ドイツの更なる「生存圏」の拡大を背景に、企業・自治体の戦争責任、優生学、人体実験、安楽死、障がい者の抹殺、ナチスの子どもを人為的に作らせる「生命の泉」（レーベンスボルン）、女性など多くのテーマの中から、企業、女性政策を取り上げたい。「流血の惨事」の代表例でもある。

注）

（1）イェーガー、ヴォルフガング、カイツ、クリスティーネ、前掲書、３７０頁

（2）Koblank, Peter : Was versteht man unter einem "Attentat?" Georg-Elser-Newsletter, 2017.10.28, Nov. 2017

（3）Jutta, Limbach : Georg Elsers Attentat im Lichte des legalisierten Widerstandsrechts, In : Georg Eler - Ein Attentäter als Vorbild, EDITION TEMMEN, 2006, P.108

（4）森川金寿『教科書と裁判官』岩波新書、１９９０、71頁

（5）Schäuble, Wolfgang : Rede von Bundesinnenminister Dr. Wolfgang Schäuble bei der Enthüllung der Georg Elser-Büste am 24. September 2008 in Berlin (Elser- Büste der Ernst Freiburger-Stiftung, Bundesministerium des Inneren, http://www.bmi.bund.de) P.6

（6）同書、7頁

（7）ヴァイツゼッカー大統領演説、永井清彦訳『荒れ野の40年』岩波ブックレット、１９８６、16頁、歴史的な文書として、そのまま引用した。

（8）同書、11頁
（9）同書、11～12頁
（10）同書、21頁
（11）“Unsere Besten-Wer ist der größte Deutsche?”（http://www.mythoselser.de/texts/100beste.htm）
（12）ハイデガーは弟フリッツに「ヒトラーは並外れた確かな政治的な本能をもち（略）ナチ運動は将来さらに別の力が加わり成長することでしょう」と書いている（ハイデガーと弟との往復書簡）

V 「今以上の流血の惨事」

(1) 企業

私はすでにナチス時代を、憲法、国会なき治安立法が制圧する「収容所・緊急令国家」と特徴づけた。ここではこの体制を支えたドイツ企業の問題に言及しておきたい。企業こそはナチスと二人三脚で殺戮国家を支えた張本人だからである。

第二次世界大戦中、ドイツの戦時経済は外国人の強制連行、強制労働なしには維持することはできなかった。その数は、1944年夏段階で780万人に達し、企業、農業、行政、教会、個人の家で働く全労働力人口の30%を占めていた。この人びとの出自は、主として、①ドイツの占領地、従属地から連行された人々　②戦時捕虜　③強制収容所の収容者である。

強制連行・労働者の投入の目的は、主に前線や戦地に送られた男子労働者の穴埋めである。第2に強制収容所の収容者の場合は、これに加えて、連合軍の空爆から企業の高価な生産設備や原材料を守る作業が割り当てられた。企業は、収容者の生命を空爆に晒しながら、鉱山や地下坑道に原材料や設備を移転させた。強制労働者の側からみれば、味方の連合軍からの空爆で命を奪われたのである。加えてナチ親衛隊、収容所監視員、カポなどからの残虐な扱いに苦悩し、恒常的に寒さと飢えに襲われていた。謝罪と戦後補償が問われた企業は、ベンツ、ＩＧ‐ファルベン、ズィーメンス、フォード（在ケルン）、アリアンツ（保険）など今日も著名な企業である。みなナチスの収容所体制を強力に支え、利益を得た企業である。

①アリアンツ保険企業：強制収容所の殺戮体制を保障

初めに当時欧州最大の保険会社・アリアンツを取り上げたい。エルザーと関係があるからである。

戦後、この企業に対する戦後補償を求める人びとが指摘した問題点は数多い。第１は率先したナチ体制への迎合である。１９９０年代初め、この会社の子会社の退職社員名簿が発見された。これによるとユダヤ人社員は36～37年段階で全員が解雇されていた。ヒトラーの権力奪取以降、官公庁とは異なり、私企業は、38年11月の「水晶の夜」[1]事件までは、ユダヤ人の雇用は可能であった。アリアンツは、ナチの人種政策に率先しておもねたのである。

第2に、次第に追い詰められ、生命の危機を感じ取っていたユダヤ系市民は、すがる思いで生命保険に加入した。ところが突如連行され、家族にも、行く先、収容先も告げられない人びとに、今まで払い込んできた保険料はその一部でも返却されなかった。[2]遺族や幸いにして危機から脱出できたユダヤ系の人びとは、解約返戻金を求めた。その人数は、数十万人に達する可能性があった。父親をプラハ近郊のテレジン・ゲットーで殺されたマルタ・コーネルという女性には、1枚のメモ用紙だけが「遺産」として残された。父は、死への行進に向かうその一瞬を衝いて、娘に「財産の証し」を手渡した。18年間定期的に払い込んでいた生命保険の番号であった。彼女は、この「命の証書」を手掛かりに、97年、ニューヨークで保険企業7社を訴える集団訴訟の一員となった。

第3に、「水晶の夜」事件は、器物の損壊から始まり、ユダヤ人商店やユダヤ教会（シナゴーグ）が襲撃、放火、掠奪され、聖典が焼かれた。ユダヤ人が殴打、銃撃、殺戮され、女性が陵辱され、子どもも襲われた。ドイツ人の中にもとばっちりを受けた人々がいた。事件はホロコーストの序章となった。アリアンツは、この〈地獄絵〉の原因は、ユダヤ人自身にあるので、補償の支払い義務はないと主張した。もし支払えば「ユダヤ人を利し、ドイツの保険会社の業績を悪化させるであろう(3)」と表明。ナチスの弾圧下でも勇気を持った人びとは抗議し、裁判に訴えた。人間の尊厳を守る、尊い行為である。アリアンツは、ユダヤ人の中から外国在住者のみに補償した。それも10分の1以下の補償額で。外国の目、国際的な悪評を恐れたからである。一方ドイツ在住ユダヤ人の保険加入者には、一銭の補償もなされなかった。

第4は、ナチスとのより本質的な関わり、戦争責任である。ナチス親衛隊の一部局である経済管理本部の任務は、強制収容所や武装親衛隊の管理とともに自らが実質的に所有する企業（親衛隊企業）の統括であった。親衛隊企業は、収容者を酷使して採土採石、家具・繊維製品・皮革の生産、販売をてがけ、肥料やセメントの生産・販売、軍需産業など広範囲にわたっていた。保険会社の契約対象は、この親衛隊企業の総体と収容者が寝起きする建物（バラック）であった。すなわち強制収容所全体を保険契約の対象にし、事故保険、火災保険などを積極的に宣伝した。ドイツ最初の強制収容所であり、エルザーが殺害されたダッハウ強制収容所では、丸鋸、ガソリンの予備、ホーローエナメルの缶、硝酸入りの大瓶など、詳細にわたる資材と備品が対象となった。エルザーが最初に入れられたザクセンハウゼン強制収容所では、アリアンツを筆頭として12の保険会社が分担している。

保険会社にとり、ナチ顧客、収容所産業総体は、経営の安定したリスクの少ない分野であった。その理由は、収容所産業内やバラックでは火災の発生は実に稀であったからだ。保険会社の保険証書には「常に親衛隊員により監視が行き届いています」と記されていた。加えて各収容所には独自の消防隊も組織されていた。保険会社は、奴隷以下の労働の〈継続を保証〉する一方で、企業と建物にはモットーの「秩序と清潔」を保証した。保険業界にとり、守るべき対象とは、健康と人命ではなく、すり減らされていく命たちが地獄の中で紡ぎ出す企業の資材であり製品であった。

ナチスが「生存圏」を拡大し、ヨーロッパ中から連行してきた収容者が増加すると、バラックは拡張された。同時に既成の収容所の近辺には、各企業が競って「衛星収容所」を新規建設した。すると保険業界は顧客の追加、契約の延長に積極的に取り組んだ。例えば、アウシュヴィッツに企業を持つドイツ軍需工場DAWは、この収容所の新工場はすべて新規に契約を取っている。ザクセンハウゼンでは、DAWが追加加入部分を割引（15％）する契約を結んでいる。

強制収容所は、強制労働と殺戮、すなわち生死の境目でのこちら側での労働と、向こう側での抹殺を、ナチスだけではなく、保険会社との〈二人三脚〉で支配していた。ドイツが「生存圏」を拡大するたびに、保険業界も占領支配地で市場を獲得していった。業界は戦車の後から行進した。アリアンツ社長シュミットは、ゲーリングに手紙を書いている。「被占領国の保険市場を残らずドイツに向けさせるのに、何の苦労もありません」[4]。34頁の強制収容所跡地の地図は、強制労働の現場を示すとともに、保険業界の市場奪取の足跡をも示す。

②IG‐ファルベン：ナチスへの最大の資金提供者

収容所の強制労働と殺戮体制を支えたもう1つの大企業、IG‐ファルベン社（IG‐F）を取り上げたい。第二次世界大戦前、世界最大の化学コンツェルンであり、ドイツの代表的輸出企業でもあるIG‐Fは、ナチスへの最大の資金提供者でもあった。燃料分野では、ガソリンをナチスの爆撃機に、敵国の連合国側の飛行機にも売りさばいた。1904年、アグファ、染料会社バイエル、アニリン・ソーダ工業バスフの3社は同盟を結成する。16年、ヘキスト社などの3社を加えて6大化学工業が利益共同体契約を締結し、6社によるドイツの染料・化学工業界の独占的支配が始まる。24年頃にはドイツ経済は第一次大戦後の混乱期から「相対的安定期」に移行する。翌年、カール・ボッシュ（バスフ社）とC・デュースベルク（バイエル社）の指導下でトラストを形成する。両者のそれぞれのトップが、社長、監査役に就任する。25年12月、更に2社を加えて、8社でIG‐Fを結成する。[5] 製品は、染料を中心に、合成皮革、窒素、無機化学製品、写真化学製品などであった。20年代末からはスタンダード石油と提携して、水素添加法による人造石油の開発に取り組む。国際的な染料カルテルを主導し、人造ゴムなどの新製品も開発する。だが29年に起きた世界恐慌は、輸出比率の高かったIG‐Fの経営にダメージを与えた。

ナチ親衛隊が「ナチ親衛隊指導者友好サークル」を結成したとき、IG‐Fは結成時のメンバーになった。ヒトラーが権力につく1年前の32年であった。ここからナチスとの蜜月関係が始まる。30年代、人造石油・ゴムの生産でナチ政府の「自給政策」を支え、政府からも援助を受ける。個別企業としてはナチスへの最大の資金提供者となり、戦争計画の強力な支持者になっていく。ナチスが、39年9月1日のポーランド侵略から始まる東部戦線を拡大できた軍事上の一因は、IG‐Fの生産した燃料、武器弾薬にある。

すでに造られていたアウシュヴィッツ強制収容所で、41年春、親衛隊企業以外で、初めて、収容者を酷使した。前線に投入される兵力が増えれば増えるほど、労働力不足に直面したIG‐Fは、さらに多くの労働力の調達に踏み出す。42年7月、アウシュヴィッツの近郊に、合成ゴム・石油生産を任務とするＩＧ－Ｆブーナ工場[6]を新設し、ここに隣接してＩＧ－Ｆ所有の「欧州唯一の専用強制収容所」（モノイヴィッツ／ブーナ収容所）を建設し、１０００人を収容する。収容者を、賃金無しで強制労働させたドイツ企業の中でもとりわけ、評判悪き企業の1つとなる。

ここでナチスとＩＧ－Ｆの間で収容者の奪い合いが始まる。ナチス側は、直ちに「死への道」すなわちガス室へ直行させたが、ＩＧ－Ｆは、一旦ブーナ工場の方へ送られる収容者数の増加を願った。「労働をさせてからの死」である。ところが「５０２２名運ばれてきたうち、４０９２名がガス室へ送られ、モノヴィッツへ回されたのはわずか９３０名だった」[7]。ＩＧ－Ｆからすると、こんなにも多くがガス室で〈無駄死に〉させられたことになる。１９４５年のドイツの敗戦まで、ＩＧ－Ｆの「専用強制収容所」では、37万人が死亡した。収容者の労働により、売上高は増加。第三帝国の侵略・膨張すなわち「生存圏」の拡大に伴い、あらゆる戦線で利潤を上げ、占領地の企業の吸収・合併を行い、住民の隷属化に加担していく。ＩＧ－Ｆも戦車の後から行進した。

ナチス政権、国防軍との蜜月関係は、国からの予算支援、国防軍のＩＧ－Ｆ製品の買い上げによってもよく分かる。ポーランド侵略の39年9月から44年同月まで、売上高は３・１億マルク増（57％増）、純利益は3億マルク増（25％増）、投資額は25億マルクで、うち3分の1は、国からの信用貸し、補助金、税金の免除であった。国防軍のＩＧ－Ｆの生産物への依存度は、合成石油・ゴム、テトラエチル鉛が１００％、燃料が33％、化学繊維が25％、アルミニウムが8

%であった。(8)

収容者は「学問のため」と称する人体実験でも殺戮されていった。子会社のデゲッシュ(Degesch)社は、青酸ガス・チクロンBを製造し、ガス室用に提供した。全欧州から100万人以上のユダヤ人がアウシュヴィッツでチクロンBにより殺戮された。

③ニュルンベルク継続裁判

「ニュルンベルク裁判」とは、一般に1945年11月20日から翌年10月1日まで南ドイツのニュルンベルク市で開かれた連合国による国際軍事裁判をさす。ここでは国家の最高指導者、諸機関が裁かれた。一方同じ地名をつけた「ニュルンベルク継続裁判」が米軍政府によって46年10月25日～48年10月27日にかけて行われた。この継続裁判では、12の裁判が開かれた。(9)

裁かれたのは①将官(国防軍)②親衛隊(ナチ党)③財界指導者(産業界)④ヴィルヘルム街(外務省)(官)⑤医師⑥法律家(司法)であった。12の裁判には開廷順に番号がつけられ、IG・Fは6番目に開かれたので、「第6号事件」と命名されている。被告数は幹部社員24名、判決は48年7月30日。無罪が10名、有期刑が13人で、1年から8年の懲役刑が科された。有罪となった訴因は、「人道に対する罪」であり、中でも捕虜虐待が中心であった。「第6号裁判」の特徴を列記してみよう。

(a)米国務省・外務省の意思が反映。上記の裁判期間(46～48年)はすでに米ソ冷戦が始まっていた。検事側の中心人物であり、米代表のロバート・H・ジャクスン（元法務長官、最高裁判事）は、企業家を裁くことに反対の意思を表明した。ドイツ企業を追及し、したがって弱めることは、米国の将来の軍備増強にとりマイナスになると判断された。

(b)米検察の弱腰。米英ソ仏連合4ヶ国は、それぞれが裁判官1人と代理人1人、首席検察官1人を専任した。このうちアメリカの首席検察官は、米国内のIG－F支持勢力により、裁判費用などの財源を奪われ、そのため告発の姿勢がトーンダウンした。

(c)量刑の軽さ。強制労働で収容者を酷使・虐待し、殺した明白な証拠が多数あったにもかかわらず。

(d)刑期前釈放。判決通りに刑期を満了した被告人は、13人のうちただの1人も存在せず、50年代には全員が釈放された。IG－Fは連合軍により解体され、業務は「IG－F清算会社」に引き継がれ、バスフ、バイエル、ヘキスト3社が後継企業として延命する。継続裁判で、戦争責任の追及が弱く、IG－F幹部に対する軽微な判決、処置により、刑期満了前に釈放された元被告の中から、後継企業の新設ポストに返り咲き、勲章を授賞する者さえ出てきた。

しかし、IG－Fは戦争責任、戦後責任から逃れられたわけではない。ユダヤ系市民、緑の党、労働組合、プロテスタントグループから成る「反IG－F同盟」などによる戦後補償を実現させ、同時にナチス時代の歴史の解明を行う運動は続くことになる[10]。

(2) 女性政策

①総統のために子どもを産め

ナチスの女性政策は、2つの視点のせめぎ合いを通して、実行に移された。第1の視点では、女性の役割を2つに限定した。性役割分業に基づく家庭での主婦と家庭外でのナチ運動である。1943年1月13日、ミュンヒェン大学創立470年祭記念式典が行われた時、パウル・ギースラー大管区指導者は女子学生に対して次のように演説した。[11]

「大学をうろつくよりも総統に子どもをひとり贈りたまえ、美しさが足りなくて相手の見つからない者には自分の部下を世話しよう」

ここには、一般にファシズムが説く典型的な女性像が表現されている。女性を出産と家事労働に閉じ込め、女性労働者を職場から家庭に戻し、その職場で空いた分を男性失業者で埋める視点である。ヒトラーは、「女性に知性は重要ではない」[12]と主張し、発言録には「女子教育の目的は将来の母である」「女性の使命は子どもを産むことだ」とある。

現在の日本でもこうした主張は保守・右翼系人物から枚挙にいとまがない。長谷川三千子NHK経営委員（埼玉大学名誉教授）は、女性の一番大切な仕事は子供を生み育てることなのだから、外に出てバリバリ働くよりもそちらを優先しよう、そして男性はちゃんと収入を得て妻子をやしなわねばならぬという考えに賛成しているという。こうした主張に対して高橋弥生とい

う人が新聞に投書をしている。(13)

「長女は中学1年の夏、バスケットボールの部活動中に倒れ、救急搬送された。その経験から『救急隊員に女性がいれば子どもは安心するし、婦人科系の病気など女性にしかわからない症状がある』と東京消防庁の救急救命士になった。（略）貴重な人材がキャリアを捨てて家庭に入るのは、もったいない。長谷川さん、あなたが大学で教えながら育児をしたのは、経済事情のためですか？　生活のために働く必要もある人もいるのだ。私は初めてNHKの受信契約をやめたいと思った」

ここには、職業の選択に際して2つの点が述べられている。1つは子どもが将来何かになりたいという意欲、適格性とそれによる自立、もう1つは経済的視点である。

②結婚資金貸付制度

ナチス時代はこの2つとも「期待される女性像」からは排除された。その典型的な政策は、36年の「結婚奨励資金貸付制度」である。目的は、すでに働いている女性に対して結婚を奨め、職場を男性に明け渡し、多産の奨励と兵士の増産であった。そのために、結婚資金の貸し付けを行い、これを受けた家庭は、返済の際に、子ども1人を出産すれば、4分の1が、4人産めば全額が帳消しにされる制度であった。救命士のように命を救いたいという意欲も適格性も、その実現は女性が家庭の外で経済活動を行うことになるので、歓迎はされなかった。

一方、日本では、シンガポールと真珠湾攻撃を前にして、41年1月22日、「人口政策確立要綱」が閣議決定される。「産めよ、増やせよ」というスローガンの下で、夫婦の出産数を平均5人とした。朝鮮、台湾など植民地への「人口輸出」、すなわち移民政策と戦争に狩り出される男子労働力の穴埋めが目的であった。ドイツも日本も国家が行う戦争のための出産奨励であった。そのためにドイツでは、健康で「純粋」なアーリア人の出産が宣伝された。非アーリア系のユダヤ系女性、スィンティ・ロマの女性たちは断種されたり、中絶させられた。

③女性党員・候補者の排除

出産と家事労働に閉じ込められた女性たちが、〈外の世界〉へ奨励されるのは、ナチ運動への参加であった。料理講習会、勤労奉仕、行進、村々で開催されたナチスのプロパガンダ映画の鑑賞会などが彼女たちの居場所であった。ヴァイマル憲法は、ドイツ史で初めて女性参政権を導入したが、この憲法を停止したナチ党は「女性党員を受け入れず、女性を候補者とすることもなかった。（略）ビアホールで戦略を練り、街頭で繰り広げられる近代の政治活動は男の仕事であった」(14)

エルザーは、この「男の政治活動」の場であるビアホールで爆弾をセットした。女性の党員、候補者を拒否したばかりでなく、そもそもナチ党は「1933年に女性参政権の廃止をもとめた」(15)

もう1つの〈外の世界〉は、学校である。しかし、学ぶ内容に格差があり、女子生徒にはラテン語を教えない。「将来の母親に必要ないからであった。その代わりに少女たちには、夫の選び方に関する助言が載った冊子が与えられた」(16)

④人手不足に敗北するナチ・イデオロギー

こうして第1の視点では女性を家事労働とナチ運動に閉じ込めた。ナチスの女性政策の第2の視点では、これとは逆に彼女たちを社会に引き出す。とりわけ39年のポーランド侵略から始まる「生存圏」拡大の戦争では、国民の根こそぎ動員が求められた。総動員体制である。女性を家庭内で「遊ばせておく」余裕はなくなった。1つには兵士として戦場に送られた男性の穴埋めである。工場は軒並み人手不足に襲われた。とりわけソ連戦線での死者が増え、帰還兵士が少なくなればなるほど、埋め合わせのための労働力が必要とされた。加えて、軍需景気により産業界が緊急に人手を集めたからである。平時には、熟練工の養成を時間をかけて行うが、戦時にはその余裕がない。女性は社会に引き出された。〈家庭に、せいぜいがナチ運動に〉というナチ・イデオロギーは、社会の労働力不足という現実に敗北した。

女性が家庭から社会に引き出されたもう1つの要因は、東欧に「生存圏」を拡大した結果生じた。ドイツはポーランド、ウクライナ、バルト三国、ベラルーシなどを占領し、企業を乗っ取り、接収し、軍需産業を興した。占領地での行政、事務は緊急に設置した役所が担う。これら東欧諸国を占領することにより、多くのユダヤ系市民、ロマを抱え込む。更に抵抗するレジスタンスへの弾圧。占領行政には、役所の他に、工場経営、強制収容所、病院などが必要である。ここに女性たちが配属させられた。中でも強制収容所では、女性看守、無線通信員、看護師、高官の秘書、事務職員が不可欠になった。ますます女性を家庭に閉じ込めておくゆとりはなくなったのである。

⑤夢という私利私欲

家庭に閉じ込められていた女性たちには、企業やナチ党の制服を着、職業に就き、高い給料を得る展望が開けていた。彼女らは自由に振る舞えるという希望を抱いた。全権委任法以来、弾圧体制下では、逮捕・収用が常態化しているので、強制収容所、監獄は、看守不足に陥る。社会主義者や共産主義者の妻たちは真っ先に収容され、「少なくとも3500人の女性が強制収容所の看守として訓練を受けた」。[17] 34頁に示した、ヨーロッパに3千~6千の強制収容所の現場は、「夢」をいだいて社会に飛び出た女性たちにとり、雇用と昇進のチャンスでもあった。制服、高給、仲間との語らい、ドイツ軍兵士との交流・交際、恋愛、休暇、旅行などは、殺戮されていくレジスタンスやユダヤ系、ロマ系の人びとの運命に、目と耳と口を塞ぎさえすれば、「夢」の実現であるかのように思われた。とりわけ、東欧諸国を占領の後、至る所で起こる占領に対する武力抵抗運動とその弾圧政策との激闘にあって、すでに「銃後と戦線との区別はなかった」[18]。彼女たちは、ナチ親衛隊やドイツ国防軍がレジスタンスを一斉に摘発し、追い詰め、一斉射撃、焼き殺す現場のすぐ近くにいた。『ヒトラーの娘たち』によれば、集団処刑と強制退去の現場近くに食事と飲み物を提供したのは、女性たちであり、虐殺に加わった男性たちを家庭で慰めた。時には残虐行為に自らも加わり、最も立場が弱い者の人びとの生命を奪った。ナチ・イデオロギーで家に閉じ込められていた時よりも、自由であると感じ、「夢」の実現であると感じた。しかし、川柳名「麦そよぐ」氏が、その本質を次のように突いている。「本人は夢と言っている私利私欲[19]」

今日もなお閉塞する時代の中で、やたらに「夢」が語られ、「夢」を持てという。大切なのは、社会を変える「夢」である。マルチン・ルーサーキングの"I have a dream"である。「自分オンリー」の夢ではない。

⑥女性無線通信技士の「犯罪」

この章を閉じるにあたって、23年生まれの女性無線通信員ヘルマ・マースに話を移したい。

彼女は、2016年段階で、キール地裁で起訴され、裁判開始の手続き中である。ヘルマ・マースは、典型的なナチスの出世コースを歩んだ人物であり、閉じ込められた家から、大きな「夢」をいだいて、社会の役に立つ人物への変身に努力した。1923年とは、悲惨な第一次大戦が終わり、新しい社会・家庭に向けて、ベビーブーマーの時代であった。11才で、ヒトラー青年団（ユーゲント）の少女組織である「ドイツ少女団」に入団する。入団は、義務である。他民族を排し、ゲルマン民族のみからなるヒトラー・ユーゲントは、多くの青少年に向けて、共同生活や団体訓練を通して、友情を育む「夢の共同体」であるかのように宣伝した。1年間の農業奉仕、家事奉仕を経た彼女には、ナチスの方針で、多くの女性同様、社会での活躍の場はなかった。

⑦「夢」の実現――アウシュヴィッツへ

彼女を、家から招きだし、「夢」の実現に誘ったのは、1939年9月1日から始まるポーランド侵略で生じた事務職の必要性であった。40年10月1日、彼女は速記タイピストとして、ドイツ労働戦線（DAF）に就職する。

ドイツ労働戦線は、ナチスが労働組合を解散し、その資産、事務所、機関誌発行設備などを強奪した後、33年5月6日に結成された組織である。ヴァイマル共和国時代に存在した労働者の経営への関与、交渉権はすべて剥奪された。「雇用主は『指導する者』で労働者は『服従する者』となり、賃金は労働戦線によって決定され[20]」た。賃金の決定を意のままに掌握した労働戦線により、賃上げは「事実上ほとんど、あるいはまったくなされなかった。労働戦線は、労働者が脱出できない巨大な国家監獄となった」[21]。生活費の高騰に直面している労働者を、「監獄」に閉じ込めておくだけでは、生産意欲は増大しない。ナチスは、労働者の余暇を組織し、〈息抜き〉を与えようと考えた。そこで「歓喜力行団」(KDF)を組織し、ダンピング価格による格安の休暇旅行や、各種イベントを提供した。「現存の社会関係をなんら変更することなしに、階級間の対立と不満を緩和しようとするものであった」[22]。多様な旅行、イベントは女性たちに職場をつくり出した。タイピストとしての労働は必要不可欠であった。41年、ヘルマ・マースはナチ党員になり、帝国勤労奉仕に約1年間就いた後、さらなる「夢」を、ナチ武装親衛隊(武装SS)の情報員になることに託した。彼女は、労働戦線のタイピストから武装親衛隊の情報員に職替えをした。ここで更なる「夢」を追いかけ、一段高い就職口を求めて、ナチ情報学校に入学する。卒業した彼女を待ち受けていたのは、率先して大量虐殺を支えた無線通信技師の職であった。「職場」はアウシュヴィッツ。

⑧姿を消すロシア人捕虜

アウシュヴィッツとはどんなところであったか――ナチス時代の特徴を私は先に「強制収容所の時代」とし、その一端をフランス映画『夜と霧』で紹介した。

ヘルマ・マースが「夢」をいだいて勤めることになったこのアウシュヴィッツを再度取り上げたい。アウシュヴィッツ収容所長ルドルフ・ヘスが、戦後にまとめた手記がある。『アウシュヴィッツ収容所』である。ここでは、映画とは異なり、所長本人の証言が生々しく、恐ろしいほど淡々と語られている。所内ではロシア人、ポーランド人などスラヴ系の人々はとりわけヒエラルヒーの底辺に置かれた。空腹、飢餓、伝染病、生存のぎりぎりの所での強制労働による疲労。何百人というロシア人収容者が、たまたま行進の隊列から外れ、ジャガイモを詰めた小屋に殺到するシーンがある。

「(ロシア人の) 中には、探しまわりながら、手には馬鈴薯をにぎりしめ、かぶりついたまま死んでいる者もいた。互いに他人のことなどには思いやりもなく、ただ自分の腹を満たしたいばかりに、人間的な感情などはかなぐり捨ててしまっていた(23)」

「思いやり」も「人間的な感情」も失った当の人物が、自らが追い込んだ地獄絵を、冷静に描写する。

「(アウシュヴィッツ) ビルケナウでは人肉の共食いも稀ではなかった。私自身も、レンガを積み上げた場所に、鈍器で引き裂かれた肝臓がなくなっているロシア兵の屍体のあるのを見た。彼らは、食べられる物をとりあって、互いに殺しあった。(略) 最初の建物部分の地ならしをしたり、壕をほっているとき、ロシア人の屍体が幾つも発見されたが、彼らは、別のロシア人に撲殺されて、その一部を喰われたあげく、そこらの泥の中に捨てられていたのだ。たくさんのロシア人が、謎のように姿を消してしまった理由も、これでわれわれにのみ込めた(24)」

⑨無線で殺戮列車の手配、毒ガス注文

1944年4月21日、ヘルマ・マースはこのようなアウシュヴィッツに赴任してきた。彼女がアウシュヴィッツを去り、他の収容所に職場替えをする同年7月8日あたりは、屍体焼却炉はフル回転をしていた。4月から7月にかけて26万6390人がガス殺された。つぎつぎと到着するヨーロッパ中から連行された収容者たち。トイレも水の設備もない列車の中で、2日、3日と立ち通し。精も根も尽き果てて列車からくずおれるように地面に投げ出される男女、老人、子ども、病人。バケツにたまった尿と人糞と異臭。煙突からは、焼き焦げた人肉の悪臭が辺り一面に漂う。アウシュヴィッツの「無線通信士」とは、平時の通信士とはまったく異なる役割である。主たる任務は、親衛隊経済管理中央本部や帝国保安本部との秘密情報の交信である。第1に、無線により、移送列車の到着を収容所医師に知らせ、親衛隊を列車の到着場所に待機させること、つまり、殺戮の準備をすることである。第2に、移送、殺戮の終了を帝国保安本部に無線連絡することである。その際、①直ちに殺害した人数　②殺害からたまたま免れて強制労働につかされた人数（束の間の生存者数）を報告する。

すでに述べたように、ナチ党はイデオロギーの観点からは、①の絶滅を命じるが、ナチ党経済の視点からは②を望み、「イデオロギー」と働かせて「儲ける」ことは、常に綱引きの状態にあった。そのため、帝国保安本部は、生と死、利益と理念の実態の把握に努めていた。無線通信士の第3の仕事は、毒ガス（チクロンB）の注文である。運搬用のトラックの使用許可が無線により伝達された。馬鈴薯の一片を求めて飢餓からの救いを求める収容者たちの一瞬の「夢」

は、直後に毒ガスにより無に帰した。彼女が勤務していた期間と重なる時期に、約42万5千人のユダヤ人がハンガリーから移送されてきた。44年5月16日から7月11日にかけて、親衛隊による合計137便の列車での連行である（「ハンガリー・アクション」）。その後、約30万人がガス室に消えた。

⑩「疎開」「処置」＝追放―殺戮

無線通信技士のみならずここで働く職員は、秘密を保持するために、初めにいくつかの書類に署名しなければならない。

その1つに「義務証明証」があり、次の文言に同意し、署名をする。ナチスは、殺戮機構の実態を隠蔽するために、偽装言語を使用した。傍点部は「義務証明証」の文言そのものであり、（　）内は真の実態を示す。

「私はユダヤ人の疎開（立ち退き、追い立て、追放して殺害）中に貫徹されるすべての処置（立ち退き、追い立て、追放、強制連行、殺戮、ホロコーストの一連の処置）に関して、沈黙を守らなければならない、私の同僚に対しても」

アウシュヴィッツの後、彼女はフランスのナッツヴァイラー強制収容所でも無線通信士として勤務。戦後、逮捕され、47年3月21日、西側占領地区に設置された「非ナチ化審査機関」で審査された。この審査機関は、当初は公共機関に勤務していた全官吏、一般職員を対象に、後になると他の職業グループにも枠を拡げ、ナチ時代の行動・所属政党などナチスとの関わりを調べるアンケート調査や聞き取りを実施した。46年から47年にかけて連合軍の西側占領地域では、審査任務は、連合軍からドイツ側の「非ナチ化審査機関」に委譲された。任務を任されたドイツのこの機関は、ナチスの主犯級を「範疇Ⅰ」に分類し、以降「範疇Ⅴ」(無罪)まで段階的にナチ犯罪との関わりを審査した。しかしこの機関は、本来公職を追放すべき公務員の多くを放免した。そして多くを「範疇Ⅳ」(同調者)、「範疇Ⅴ」と認定した。つまり確信犯ではなく、多くを付和雷同者(同調者)と認定した。「それゆえ、ある歴史家はこの『非ナチ化審査機関』を〈同調者工場〉と呼んでいる」[25]

「非ナチ化審査機関」の聞き取り調査では、彼女は、次のように回答している。「自分は専ら無線通信士として働いていました」。この意図は「他の仕事はしていません」である。また「強制収容所の中で何が行われていたか、知りませんでした」。さらに、勤務地の2つの収容所で「人間が法律に反した扱いがなされていたかどうかを述べることはできません」

審査機関はこれ以上の審査はせず、彼女は、強制収容所での殺戮の手助けをまったく問われず数十年が過ぎた。彼女のアウシュヴィッツでの「勤務成績証明書」が残されている。アウシュヴィッツを去るとき、次の勤務地に提示するために交付される書類である。44年7月8日付けのこの「証明書」には、勤務成績の総論としては「無線通信士として必要とされる能力を良く備えている」となっていた。

各論として「知的特性は優秀」。秘密保持のために入所時に署名した「義務証明証」で課されていた「沈黙」、すなわち「守秘義務は果たした」。「世界観は確固としている」。いずれの項目も殺戮組織の優秀な、筋金入りの補助者であったことを示している。しかし、あたかも家庭から「解放」されたと信じ、社会で実現したものとは、巨大殺戮機構の1歯車となることでしかなかった。まともな社会であったならば、彼女も「私利私欲」でない夢が描けたであろう。

⑪罪を認め、許しを請う

キール地裁で彼女が問われている罪は、44年4月から7月にアウシュヴィッツで殺害された26万6390人の殺害を助けた殺人幇助である。フュッスィンガー上級検事によれば、ヘルマ・マースは、「大量殺戮の状況を十分に知っていた」「殺害システムを支える役割を果たしていた」のである。アウシュヴィッツでは、6千5百人の男女が働き、そのうちドイツで裁判を受けた人は、わずか49人（0・75%）に過ぎない。ヘルマ・マースが「夢」の実現に励んでいたアウシュヴィッツに、14才でハンガリーから連行され、幸運にも生還することができたマックス・アイゼンは、キール地裁で行われる裁判の原告である。母、妹、2人の弟は、アウシュヴィッツ到着後、直ちにガス室に消えた。彼は、『ヴェルト』紙に次のように答えている。「文明化された、民主主義的な世界では、加害者は責任をとるべきである。若いか、年寄りか、年齢は関係ない。私の希望はナチ親衛隊が、裁判で罪を認め、許しを請うことである」(26)

注）

（1）1938年11月9日から10日にかけて、ドイツ全国とオーストリアで、一斉にユダヤ人を襲撃・殺害し、ユダヤ人の商店・教会を破壊し、物品、財産を掠奪した事件。砕け散った窓ガラスが「水晶」のように美しかったという加害者側からの命名。このナチ国家公認の掠奪・破壊・殺害は、ホロコーストの序章になった。

（2）田村光彰「ドイツ企業の戦後補償とEUの市場拡大」『技術と人間』技術と人間社、1998・10月号、46頁

（3）Das "Wagnis Auschwitz", Der Spiegel, 1997, No.23, P.56

（4）Da kommt einiges zusammen, Der Spiegel, 1997, No.23, P.62

（5）I-G-ファルベンとは、Interessengemeinschaft Farbenindustrie Aktiengesellschaft（利益共同体染料工業株式会社）の略

（6）合成ゴムはブタジエン（Butadien）とナトリウム（Natrium）が主原料なので、ブーナと命名した。

（7）栗原優「ナチスとドイツの大企業」『歴史読本アドルフ・ヒトラーの謎』、新人物往来社、特別増刊1987・10、124頁

（8）Boll, Bernd : Fall 6, Der IG-Farben-Prozess, In : (Hrg.) Ueberschär, R. Gerd : Der Nationalsozialismus vor Gericht, Fischer, 2000, P.138

（9）複数形で"Nurmberg Trials"と表現すると、ニュルンベルク国際軍事裁判とニュルンベルク継続裁判の合計13の裁判をさす。

（10）I-G-Fの戦後反省・補償を求める運動については、ベンジャミン・B・フェレンツ、住岡良明・凱風社編集部共訳『奴隷以下』、凱風社、1993が詳細に紹介している。なお、田村光彰『ナチス・ドイツの強制労働と戦後処理—国際関係における真相の解明と「記憶・責任・未来」基金』社会評論社、2006、田村光彰「ドイツ企業の戦後反省—ダイムラー・ベンツとI-G-ファルベンの場合—」『金沢大学大学教育開放セ

ンター紀要』１９９７をご参照。
(11) フィンケ、ヘルマン著、若林ひとみ訳『ゾフィー21才』草風館、１９８２、１５７頁、後に『白バラが紅く散るとき』で再刊行されている。講談社、１９８６、１３５頁
(12) ＮＨＫ６回シリーズ『ヒトラー』第１回「扇動者」、ドイツＺＤＦ製作、１９９５、日本では１９９７・２・10放映
(13) ２０１４・２・12『朝日新聞』
(14) ロワー、ウェンディ著、武井彩佳監訳、石川ミカ訳『ヒトラーの娘たち―ホロコーストに加担したドイツ女性』明石書店、２０１７・２・20、34頁
(15) 同書、40頁
(16) 同書、46頁
(17) 同書、46頁
(18) 同書、36頁
(19) 同書、19頁
(20) テーラー・ジェームス、ショー・ウォーレン著、吉田八岑監訳『ナチス第三国事典』三交社、１９９３、３０４頁
(21) 同書、３０４頁
(22) イェーガー、ヴォルフガング、カイツ、クリスティーネ編著、前掲書、２７７頁
(23)(24) ルドルフ・ヘス著、片岡啓治訳『アウシュヴィッツ収容所』講談社学術文庫、１９９９、２４９～２５０頁
(25) イェーガー、ヴォルフガング、カイツ、クリスティーネ編著、前掲書、４３１頁
(26) Per Hinrichs : Geschichte einer Frau, die unbedingt zur SS wollte, WELT ONLINE, 2016.6.15

VI 尹奉吉《ユンボンギル》

ヒトラー政権下では、ヴァイマル憲法を停止したまま、国会もなくし、全権委任法（ドイツ憲法）の支配する強制収容所体制となっていた。国民は、政治を変える手段・方法、すなわち「他の救済手段」を奪われた。

ゲオルク・エルザーは諦めず、公権力への抵抗を「義務」と考え、レジスタンスに身を投じた。政体を替えるためには、その担い手を、力によって、取り替えるしか方法はなかった。ナチス体制は、国民を「合法手段の打破」（リンバッハ元憲法裁判所長官）、すなわち非合法手段に頼らざるを得ない状況に追い込んだ。独裁者への勇気ある反撃が、42件のヒトラー暗殺計画であり、最も成功に近かった計画が、エルザーのビアホールでの暗殺計画であった。

ここでドイツから目を転じて、ナチス時代とほぼ同じ状況下で、日本の植民地支配に対する独立運動に命を捧げた尹奉吉（１９０８～32）に焦点を合わせたい。

（１）尹奉吉とは

韓国のソウル駅から南に下り、漢江へ行く途中に孝昌《ヒョチャン》公園がある。ソウル市龍山区にあるこの公園には独立運動に寄与した人々の墓、記念碑、記念館が見られる。公園内の東側の小高い丘には、独立運動に命をかけた４人の墓が一列に並んでいる。向かって右から白貞基《ペクジョンギ》、尹奉吉《ユンボンギル》、李奉昌《イボンチャン》、安重根《アンジュングン》である。このうち安重根だけは遺骨が発見されていないので、墓石はなく土を盛ってあるだけである。

尹奉吉とはどんな人物か。日本ではほとんど知られていない。しかし韓国では、子どもの時から習う独立運動家の１人である。日本・中国・韓国の研究者・教育者たちによって作られた中学校歴史教科書『未来を開く歴史』（高文研、２００５年）を開くと、コラム欄で尹奉吉を１頁使って紹介している。

「１９３２年４月29日、尹奉吉は韓人愛国団長

４義士の墓――向かって右から白貞基、尹奉吉、李奉昌、安重根である。このうち安重根だけは遺骨が発見されていないので、墓石はなく土を盛ってあるだけである
（ソウル、孝昌公園　2018.4.28）

である金九《キムグ》と朝食を終えた後、誓のことばを読み上げました。『私は、誠心誠意、祖国の独立と自由を回復するために、韓人愛国団の一員となり、敵軍の将校を殺害することを誓います』。その日の午後1時ごろ、上海虹口公園で天地を揺るがす爆発音がとどろきました。爆発が起こったのは、上海を占領した日本軍が開催した天皇誕生日の祝賀会場でした。壇上に座っていた軍司令官・白川義則をはじめとする高官らが死傷しました。修羅場となった会場で、声を張り上げ『大韓独立万歳』を叫ぶ青年がいました。その日の朝、「敵の将校を殺害する」と固く誓った尹奉吉でした。その場で逮捕された尹奉吉は軍法会議で死刑宣告を受け、同年12月19日に処刑されました。死を前にした彼は、2人の息子に遺言を残しました。

おまえたちにも血が流れ、骨があるのなら
きっと朝鮮のために勇敢な闘士となれ
太極《たいきょく》の旗（韓国の国旗）を高く掲げ
私のなきがらのない墓を訪ね
1杯の酒を注《そそ》いでおくれ
お前たちは父がいないことを嘆くなかれ
愛する母がいるのだから

一身をなげうっての尹奉吉の「義挙」に、中国の民衆と国民党政府は感動し、朝鮮の独立運動を積極的に支持するようになりました。世界の人々も朝鮮の人々が日本の侵略にどれほど憤《いきどお》っているかを知るようになりました」

(2) 尹奉吉とゲオルク・エルザー

尹奉吉は、1908年6月22日に大韓帝国忠清南道の礼山郡徳山面に生まれた。前章のゲオルク・エルザーが、1903年1月4日の生まれであるから、2人はほぼ同時代人である。エルザーは、ナチス体制に命がけで闘い、ドイツの敗戦の直前にダハウ強制収容所で銃殺された。日本の侵略と植民地支配に抵抗し、爆弾を投げ、逮捕され、朝鮮から大阪に連れてこられ、32年12月19日、日本の金沢で銃殺刑に処された人物が尹奉吉であった。

Ⅶ　植民地化へ

(1) 江華島事件と日朝修好条規

日本の明治時代は、戊辰戦争と西南戦争という2つの内戦と、対外戦争、すなわちアイヌモシリを植民地に、朝鮮に対しては江華島で武力挑発をし、琉球を軍事力で併合し、日清戦争、日露戦争を通して、台湾、樺太、朝鮮を植民地にすることで確立した。1875（明治8）年の江華島事件は、『日本史小辞典』（山川出版社）によれば、「日本が軍艦」で朝鮮を「威嚇」する方針をとり、「日本軍艦が朝鮮砲台を砲撃した事件」とし、次のように説明されている。

「雲揚・第2丁卯《ていほう》の2艦を朝鮮近海の航路測量などに派遣。雲揚艦は朝鮮半島西岸の示威行動中、9月20日江華島に近い漢江の支流に投錨。淡水補給の名目で艦長井上良香《よしか》海軍少佐らがボートで遡航すると、草芝台から砲撃されて本艦に戻り応戦。仁川港対岸の永宗鎮を報復攻撃し、陸戦隊が上陸攻略して砲を奪い取り、官衙・民家を焼き払い、長崎に戻った」[1]

日本は、独立国朝鮮の西海岸で「示威」、威嚇し、挑発を行い、飲料水を「補給」するという口実で、他国の領内に勝手に軍艦で入り込み、当然ながら砲撃されると、永宗鎮に上陸し、大砲を奪い、役所（官衙）や民家を焼き払った。但しこれが初めての挑発ではなかった。「井上（良香）は、この江華島事件を引き起こす少し前、1875年の夏、朝鮮の東海岸を偵察していました。そして測量をし、勝手に上陸して、民情や食料、水の所在を調べ」[2]ていた。

江華島事件の翌年、黒田清隆、井上馨の正副全権は、朝鮮政府に迫り、2月26日の日付で日朝修好条規（江華島条約）を締結した。第1条は「朝鮮国は自主の国であり、日本国と平等な権利を持つ」と規定している。この狙いは、第1に、朝鮮の「自主」とは、朝鮮に対する清国の宗主権を排除することであり、日本の朝鮮侵略の第1歩を築くものであった。第2に、条約内容そのものが、以下に述べるように、「不平等」であることから、朝鮮国との「平等な権利」は絵空事であった。第4、5条で、朝鮮は釜山港以外に2港を開港し、日本人の通商活動を許可し、朝鮮沿岸の自由測量を定めた。「不平等」性の第1は、第10条に顕著である。ここでは、開港場での日本人の犯罪は、朝鮮の司法ではなく、日本の領事が裁くという「領事裁判権」が規定されている。治外法権条項である。朝鮮の司法権は及ばない。

第2の「不平等」性は、翌1876（明治9）年8月に結ばれた「修好条規に附属する往復文書」（付属条約）にも現れている。ここでは、①日本からの輸出品に関税をかけない（無関税）②開港場での日本貨幣の流通を認めさせた。これらの不平等性は、日本が幕末に欧米諸国との間で結んだ不平等条約と比較すれば明瞭である。

明治新政府は、不平等条約改正を求め、とりわけ「領事裁判権」(治外法権)の撤廃と関税自主権の回復に外交努力を注いだ。日本が欧米並みに文化国家であることを宣伝し、不平等条約改正を有利に進めるために、東京の日比谷に鹿鳴館を建設し、外国人対象の社交場も開設した。明治政府の欧米に対する主張は、日本が外国製品に対して関税をかける際に、その関税率などに日本の自主性を認めさせることであった。ところが、朝鮮に対しては関税そのものを認めさせなかった(無関税)のである。日本商品がそのまま朝鮮に流れ込んだ。しかも、「日本貨幣の流通」付きである。

欧米諸国との不平等条約では、外国の貨幣の日本での流通は定められていない。明治政府は、一方で領事裁判権の撤廃、関税の自主権の回復を欧米諸国に要求し、不平等条約の改正交渉を行っていながら、他方朝鮮に対してはもっと過酷な不平等な条約を押しつけていた。西欧の「強者」には鹿鳴館などで媚び、卑屈な態度で接し、アジアの「弱者」は見下し、抑圧をするというダブルスタンダードの姿勢は以降も一貫して続く。

(2) 琉球併合

15世紀から400年以上続く琉球王国は、日本と中国(清国)の両国と朝貢関係を維持してきた独立国であった。1867年に成立した明治政府は、1871年、強力な中央集権体制の確立をめざし、薩摩藩、長州藩、土佐藩の三藩の兵を集め、その軍事力で廃藩置県を断行した。

薩摩藩を通じて江戸幕府との関係を維持してきた琉球王国は、薩摩藩の消滅と共にこの関係は途絶えたが、清国との交流は維持していた。1879年、明治新政府は、警官160人、歩兵大隊約400人を含む兵士600人を投入し、軍事力で琉球の首里城を制圧し、琉球を日本に併合し「沖縄県」とした。併合は2段階で行われた。

1872年、まず副島種臣外務卿は、琉球王国の代表団を東京に呼び、琉球王を琉球藩王にすることを申し渡した。NHKの番組「琉球王国から沖縄へ」(3)によれば、副島は「清を宗主国とする琉球の国の形は永久に変えない」(「国體政體永久不相替」)と約束した。

ところが、大久保利通は「琉球を清から切り離し、日本へ取り込む」併合方針をとる。松田道之内務大丞が琉球王国に派遣され、「清との使いのやりとりは今後差し止める」よう文書通告する。琉球の宰相に当たる三司官を含めて高官たちは「国の在り方は変えないという仰せ付けをいただいております」という副島の約束を掲げて抵抗する。松田は琉球王国側の不満の高まりを背に、1875年9月11日、「謹んで日本政府の処分を待つべし」との言葉を残し、傲岸不遜の姿勢で琉球王国を去る。

次に、明治政府は、「琉球は甚だしく無礼にて不法」「琉球藩を廃し、県をおくべき」という松田の報告書に基づき、琉球王国を日本の領土に取り入れる方針を捨てない。松田はその後も琉球に行くが、琉球王府の説得に失敗。1879年、松田の3度目の琉球行きの肩書きは「琉球処分官」であった。先にもふれたように兵約400人と警官を引き連れ、琉球は軍事力で、強権的に日本本土に併合させられた。このプロセスを、松島泰勝氏は教科書にも書かれている「琉球処分」ではなく、「琉球併合」であると主張する。

一般に「処分」は、処分される側にも問題がある、という場合にも多く使われる。松島氏は「琉球に関しては、独立国であるにも関わらず日本政府の一方的な命令に従わないことを処罰の理由として、軍事力を背景に強制的に王国が廃され、国王が廃位させられた」[4]ので、「琉球併合」とするべきだと述べる。私はこの主張から学び、本書でも琉球併合とした。「併合」を使う理由はもう1つある。それは後にテーマとする尹奉吉が抵抗した相手が、1910年に韓国を併合した日本の帝国主義政策であり、共に国家暴力を行使した点で、共通点がより鮮明になると考えるからである。韓国併合に先立つ琉球併合である。

(3)利益線、生命線から大東亜共栄圏へ

1870年代、明治新政府に対する議会開設を求める世論が高まり、自由民権運動が始まった。言論の自由、地租軽減、不平等条約の改正などを求めた自由民権運動に対して、明治政府は集会条例、新聞紙条例などを改めて、弾圧を加え、鎮圧し、国会を開設した。弾圧の張本人である山縣有朋は、演説をまとめた「外交政略論」(1890年3月)の中で、国家の独立自衛の道には2つあると説く。1つは「主権線」(国境)であり、もう1つは、この線の向こう側の他

国にさらに「利益線」が必要であるという。

国境としての「主権線」を超えて、他国にまで領土を拡げ、他国を併合し、防衛することが「自衛」であるとは、まさに侵略思想である。山縣の言う「我が国の利益線の焦点は実に朝鮮にあり」(「外交政略論」[5])は、この後、台湾、朝鮮の植民地化を経た日本が、中国東北部(満州)を「生命線」とする主張に連続する。台湾、朝鮮、満州を含めた日本が生存するためには、中国が必要であり、これらを抱え込んだ利益線は限りなく広がり、東南アジア全域を含めた。これは「大東亜共栄圏」と名付けられた。既に述べたように、ナチス・ドイツが欧州を蹂躙した戦略は、ドイツ民族だけが生き残るというドイツのための「生存圏」の思想であり、国際協調や多国間外交を嫌悪した「ドイツ・オンリー」「ドイツ・ファースト」の政策であった。ドイツとオーストリアの生存のためには、チェコが必要であり、この3国が生存するためには、更にポーランド攻略が不可欠であるとした。

領土拡張、侵略思想は、ついにソ連への侵略で敗北。更には、後に触れるように、欧州各地で展開された武力を用いた対独抵抗運動(レジスタンス)にも負けたことで、ナチス・ドイツの第三帝国は終焉した。今日、ドイツはソ連まで広がる生存圏なしで成立している。同様に日本もアジア・太平洋地域までを利益線に取り込まなくても国民の生活は成り立っている。生存圏、大東亜共栄圏がいかにまやかしで、虚偽に満ちた宣伝であり、これに多くの国民が踊らされていたかがわかる。

(4) 日清戦争

朝鮮を「利益線」の中に取り組むこと、すなわち朝鮮の植民地化が、日清戦争、日露戦争の狙いであった。両戦争の歴史を追い、尹奉吉の抵抗の精神の一端に迫りたい。

19世紀に入り、朝鮮では開港後も役人たちの農民に対する収奪が続き、民衆は反乱を起こした。清と日本の商人が朝鮮の農村社会に浸透し、「米をはじめ各種農作物を収穫期以前に買い込んだため、秋の収穫後にかえって穀物が不足して物価が上がるという現象が現れた」[7]

一方、特定の一族が国政を独占する勢道政治が展開され、彼らの私益を優先する政治運営がなされた。苦しむ大多数の農民たちは、西学(キリスト教)に対抗して広まっていた東学に救いを求めた。東学は、民間信仰に儒教・道教・仏教を取り入れた民衆宗教で、人すなわち天である(人乃天)という人間の平等と尊厳を基本思想にしていた。日本人商人は、貧しい農民から収穫期以前の買い込み、すなわち収穫を引き当てにして、高利で穀物を買い入れて、暴利を得ていた。代表的な穀倉地帯である全羅道では、役人や王室も収奪を強めた。全羅道で最も肥沃で広い平野をもつ古阜《コブ》郡に郡守として赴任した趙秉甲《チョビョンガプ》は、様々な名目で徴税し、農民を苦しめていた。

東学の信仰は、全羅道、慶尚道、そして尹奉吉の生誕地・礼山郡のある忠清道を中心に拡大していった。東学は、宗教運動にとどまらず、日本と清国に弱腰で、無策の朝鮮王朝を批判し

（反封建）、外国の経済的侵略に抵抗する戦い（反侵略）を強めていき、農民中心の政治運動、社会変革への歩みを始める。それまでの散発的な民衆反乱に替わり、また単に陳情書を提出するという方法ではなく、組織的で大規模な農民革命（農民戦争）の形態に変わっていく。

（5）東学農民革命

東学農民革命は農民の2つの蜂起を含む。1894年3月21日、全琫準《チョンボンジュン》率いる農民軍が古阜の白山で決起する第1次蜂起（古阜民乱）。そして同年9月の第2次蜂起。この2つの蜂起の主張の違いは、掲げられた旗印に明らかであるという。

韓国KBS放送によれば、第1次蜂起のスローガンは、「除暴救民輔国安眠」（朝鮮王朝の暴政に抗して、民を救い、国を保護して民を安らかにする）であったが、第2次蜂起のスローガンは「斥洋斥倭」（西洋と日本を追い出す）に変わったという。(7)

第1次蜂起では、全琫準が農民軍を率いて、郡守の趙秉甲《チョビョンガプ》の搾取と暴政に抗して役所を襲撃し、郡守を追放し、穀物を農民たちに分け与えた。先の「民を救い、安らかにする」スローガンを実行し、近隣の村々で朝廷軍を撃破、全羅道内の地方官を追い出し、5月31日、全州《チョンジュ》を占領した。農民は税収奪の是正、社会的差別の撤廃などの社会改革を要求した。

朝鮮政府は、農民軍を武力で鎮圧する力がなかったので、清国に派兵を要請した。この情報を得た日本の第2次伊藤内閣は、朝鮮への派兵を決定する。6月2日、日本軍は清国軍よりも早く仁川に上陸し、ソウルに駐兵した。

日本の出兵の根拠は、1885年に伊藤博文と李鴻章の間で結ばれた天津条約であった。1882年の壬午軍乱、1884年の甲申事変を通して日本と清国は互いに軍隊を朝鮮に派兵し、対立を続けていた。日清両国は天津条約で①両国の朝鮮からの撤兵　②将来の派兵の際の事前通告、出兵理由の消滅時に撤兵　③両国は軍事教官を派遣しない、と定めた。

両国が農民蜂起の鎮圧を名目に朝鮮に介入すると、東学農民軍は、要求を受け入れた朝鮮王朝と和睦し、「全州和約」を結んだ。「農民軍側が民権守護のための監視機関である『執綱所』を郡ごとにおくことを政府側も公認し、特異な二重権力状態が現出した。（略）執綱所は実際は地方自治機関に近い機能を果たしていた。短期間とはいえ、このように実際に農民の自治能力を証明するもの」(8)であった。

東学農民軍は、全州から撤退し、事態は沈静化。農民の自治体制が成立した。この「全州和約」により日清両国は朝鮮に派兵をする根拠を失っていた。しかし、日本は、清国が拒否することを見越して、農民反乱を共同で鎮圧することと朝鮮の内政改革を提案。清国が予想通り提案を拒否すると、日本側は朝鮮の内政改革の実現を単独でめざすとして撤兵に応じなかった。英国とロシアは調停に乗り出すが、日本は受け入れず、朝鮮政府に回答の期限付きの「内政改革」を突きつける。朝鮮政府は「内政改革に期限を付して実行を督促するのは内政干渉(9)」なので絶対に同意できず、まず日本軍の撤退と「改革案」の期限の撤回を主張した。

独立国への内政干渉が拒否された日本側（大鳥公使）は朝鮮政府側に「一方的に単独改革にあたるほかない旨を通告し（略）同公使は（陸奥宗光大臣から）いかなる強圧手段をとることをも認められた」[10]

7月20日、日本は、朝鮮政府に対し、最後通報を出す。

(6)「7月23日戦争」

1894年7月23日、日本軍は朝鮮王宮を武力占領し、「日本の軍事力のもとに朝鮮国王を『擒《とりこ》』にして、朝鮮政府から『牙山の清国軍を打ち払うことを日本に依頼させる』こと、そこに朝鮮王宮占領の主眼があった」[11]

日清戦争の口実をつくり、朝鮮を「利益線」の中に入れ、植民地化する計画である。日本軍が独立国の王宮を武力占領したのであるから、これは日本が引き起こした戦争である。「近年の研究では『7月23日戦争』とも呼ばれて」[12]いるという。

「いかなる強圧手段」も許された大鳥公使は、23日、軍隊で王宮（景福宮）を包囲し、その上で王宮の西門にあたる迎秋門にくると、王宮内から朝鮮兵が発砲した、と戦闘の責任を朝鮮側に転嫁する報告を、陸奥宗光に打電している。日本側の要求への回答が不満足なので「やむを得ず王宮を囲むという断乎とした処置を執るに到った。自分は7月23日早朝にこの手段を行使し、朝鮮兵は日本兵に向けて発砲し、双方互いに砲撃をした」[13]

大鳥公使は、その後も「朝鮮側発砲、日本応戦」を、陸奥に次のように報告している。日本兵が南門から王宮に沿って進むと、朝鮮の「多数の兵士は我が兵に向けて発砲した。よって我が兵はやむを得なくこれに応じて発砲し、王宮に入って王宮を守るにいたったことを告げ、かつ日本政府は決して侵略の意図がない旨を保証した(14)」

日本政府と軍は〈朝鮮側の発砲、やむなく応戦、王宮守護(占領)〉という歴史を捏造した。

中塚明氏は、この歴史の偽造を、例えば『現代日本の歴史認識(15)』で明快に証明している。

中塚氏は、福島県立図書館が所蔵する佐藤文庫にある、日本の参謀本部が書いた「朝鮮王宮ニ対スル威嚇的運動」という記録を基に、王宮占領は、朝鮮に駐留していた日本軍が「事前に詳細な作戦計画をたて、朝鮮に出兵していた部隊の総力をあげて実行したもの(16)」であることを論証している。この「朝鮮王宮ニ対スル威嚇的運動」は、参謀本部が公けにしている『日清戦史』の草案(『日清戦史草案』)にあたり、政府と軍の「7月23日戦争」の本音を表している。『日清戦史草案』こそが、日本軍の計画的な最初からの王宮の武力占領の意図を示していたが、これを偽造し公刊された記録が『日清戦史』であった。

中塚氏の紹介する『日清戦史草案』には、王宮占領の開始を以下のように記している。少々長いが、全文を引用したい。

「かくて武田中佐の引率せる一団は迎秋門に到着せしが、門扉固く閉ざされて入るあたわず。北方金華門をうかがわしめしがこれまた閉鎖しあり。よって迎秋門を破壊するに決し、工兵小隊は爆薬を装しこれを試みるも薬量少なくして効を奏せず。かくのごとくすること再三、ついに破れず。斧を用いてこれを試むる（も）また目的を達せず。ここにおいて長桿（長い棒）を囲壁に架し、雇《やとい》通弁（臨時に雇った通訳）渡辺卯作まずこれをよじて門内に入り、次いで河内中尉またこれを頼りて壁を超え、内部より開扉せんとするもまた果たさず。ついに内外あい応じ鋸を用いて門楗を裁断し、しかるのち斧をもって門扉を破り、かろうじて開門したるは午前五時ごろなり。迎秋門破壊するや河内中尉の二分隊まず突入しこれを守護し、もって第七、第五中隊進入し、第七中隊は吶喊《とっかん》して直ちに光化門（正面の門）に進み、守衛の韓兵を駆逐してこれを占領し、内より開門せり。……」[17]

仮にある国が、日本の皇居を武力占領したならば、反撃を受け戦闘になる。これは占領をした国が意図した戦争である。日本は、7月22日に最後通牒を出すやすぐに23日、戦争を仕掛けた。〈朝鮮側発砲―応戦―王宮守護〉ではなく、綿密な計画の下で「爆薬」「斧」「長桿」「鋸」を用意して、「門扉を破り」王宮を占領し、朝鮮兵を軍事力で「駆逐」した。こうしておいてその2日後の7月25日に清軍を攻撃し、豊島沖海上戦に移っている。日清戦争の前に、日本が仕掛けた朝鮮への戦争（「7月23日戦争」）があったのである。日清戦争とは朝鮮を利益線に取り込む、朝鮮の植民地支配を目的とした戦争であった。

後に逮捕され、処刑された農民軍の指導者・全琫準は、訊問を受けた際に、日本軍は「宣戦布告もなく真夜中に王宮を襲った」と述べた。日本軍第21連隊第2大隊の山口大隊長が抜刀して高宗皇帝を捕らえ、家臣たちを追い出して親日政権を樹立した。農民軍の矢の先は、自国政府から日本の侵略軍へと方向を変えた。やがて第2次蜂起のスローガンは「斥洋斥倭」（西洋と日本を追い出す）に替わり、蜂起は慶尚道、忠清道、京畿道、黄海道、江原道など全国に拡大した。

(7) 集団虐殺

日本軍は農民軍を徹底的に弾圧する方針をとった。1894年11月10日、日本軍は朝鮮政府軍（官軍）と共に、漢城（ソウル）から3つのルートで南下した。①西路（水原—天安）②中路（器興—清州）③東路（利川—大邱）を進軍し、殺戮を繰り返しながら西南海岸に追い詰めた。この戦いは、戦闘とは言えず、日本軍、官軍、地方の民堡軍（両班士族や豪族の軍隊）による虐殺であった。

その理由は第1に、農民軍は戦闘に不慣れな文字通りの農民であったのに対して、日本の後備兵第19大隊は、大多数が西南戦争に従軍し、訓練された〈戦闘のプロ〉であった。3年間の常備軍、4年間の予備役、5年間の軍経験を持っていた。

第2に、武器の差が戦闘の差に直結した。農民軍は、燃えるのを待つ火縄銃が主体であり、これすら不足し、竹槍も多かった。他方、日本軍の銃は村田銃や短時間で多くの弾が撃てるスナイドル銃であった。弾丸の到達距離が火縄銃が100歩に対して日本側は500歩。日本側が「手当たり次第に銃殺するが、1人2、3百人と相対する[18]」ような戦況では、農民軍は勝てるわけがない。

第2次蜂起の農民軍約60万人は、日本軍約2千人、官軍2800人を相手に連戦連敗。戦闘ではなく、集団虐殺に近かった。第3に、この「虐殺」は、兵站総監だった川上操六・陸軍少将の殺戮命令に基づいていたが、その命令は「東学党に対する処置は容赦せず苛烈であることを必用とし、今後悉く殺戮するべし[19]」であった。日本軍に抵抗する東学農民軍ではなく、東学党（東学農民）を全員殺戮せよという命令である。軍を含む広範囲な農民を対象とした。従って戦闘中のみならず、戦闘後も農民に対する虐殺は続き、はねられた首は、見せしめのために竹槍で串刺しにされ、さらされた。東学農民軍は、日本軍の戦争行為（王宮占拠）に対抗して、再び大規模な民衆蜂起に立ち上がった（第2次蜂起）。

日本軍は王宮占領後、清国との海戦（豊島沖海上戦）、陸戦（成歓、牙山）を経て8月1日、清国に宣戦布告をする。26日、特命全権公使大鳥圭介は、朝鮮政府の外相金允植との間で「大日本大朝鮮両国盟約」という協定を結ぶ。これは朝鮮側が、日清戦争において日本兵の「進退」と「食糧」の最大限の「便宜を与える」という「不平等な内容[20]」であった。ここでも西欧列強に不平等条約の撤廃を主張しながら、朝鮮に対しては不平等条約を押しつける日本の一貫した外交姿勢が見られる。11月には大連、旅順を占領する。この時「旅順虐殺事件」を引き起こす。

（8）帝国主義国家へ

明治天皇の開戦の詔勅（1894年8月1日）によると、日清戦争の開戦の目的は、清国の朝鮮征服の欲望、野望から朝鮮を守り、朝鮮に独立を維持させることであるという。この目的は、以降、とりわけ日露戦争を通して虚偽であることを露呈し、朝鮮の植民地化に進む。戦争後の講和条約（下関条約）の第1条で「清国は朝鮮国の完全無欠なる独立自主の国たることを確認す」という。だが、その「独立自主の国」に戦争を仕掛け、朝鮮の内政に干渉し、親日政権を樹立させたのは、日本である。

「朝鮮の独立」とは、朝鮮半島から清国の勢力を一掃し、大陸への足がかりを築くことであった。のみならず日清戦争の勝利により、戦争目的にない台湾、澎湖諸島、遼東半島を領有した。真の狙いは、利益線を台湾、朝鮮に拡げ、西欧列強と並ぶ帝国主義国家の仲間入りであった。

（9）連続する戦争行為

日清戦争が下関条約により終結すると、朝鮮ではロシアと協力して日本に対抗しようとする勢力が台頭する。日本はこれを押さえ、親日政権を樹立しようとして、1895年10月7日、在朝鮮公使三浦梧楼、杉村濬《ふかし》書記官、岡本柳之助朝鮮政府顧問らが、日本軍兵士と大陸浪人らを使って王宮（景福宮）に乱入し、明成皇后（閔妃）を虐殺し、陵辱し、王宮の松林で焼却するという蛮行を行う（乙未《いつび》事件）。これは「7月23日戦争」に続く、「独立自主の国」への戦争行為であった。この事件によって日本の政策の野蛮性と侵略性が世界に印象付けられ、朝鮮の人々の心をロシア側に向けさせることになった。

(10) 義和団戦争

「日清・日露戦争」とまとめて呼ばれる両戦争の間には、「義和団戦争」（「北清事変」、中国では「八国連軍の乱」）があった。西欧列強は、日清戦争で清国が敗北したことを知ると、これにつけ込んで清国を互いに分割する競争を開始した。各国は中国に自国の行政、裁判、警察権を行使できる「租界地」を作り、中国の主権や領土を侵害していく。この中国内の「外国領土」は、第一次世界大戦までに、8ヶ国、合計29ヶ所にのぼった。列強の中国侵略に抗して、1899年、義和団による民衆の蜂起が起こった。清朝を助け、外国を滅ぼす「扶清滅洋」を掲げ、反帝国主義運動をくり広げた。これに対して日本を含む8ヶ国は、連合軍を結成し、武力鎮圧をし、清国に巨額の賠償金を課して、北京・天津地域に駐兵権を獲得する。「連合軍の戦陣を切っていち早く北京に到着していた日本軍は、馬の蹄の形をした銀、いわゆる馬蹄銀を大量に持ち帰りました。『馬蹄銀事件』と呼ばれるこの日本軍の行為は、当時大問題となりました。もっとも他の国も同様で、戦利品を探して、北京の街中をうろついては掠奪を尽くしました」[21]掠奪においても西欧列強と肩を並べた。日本の軍事力を利用し、自らも清国に利権を確保し、世界各地でロシアと対立していた英国と、韓国を独占的に支配しようとする日本は、1902年1月30日、第1回日英同盟を結ぶ。日英の両帝国主義国は、他の帝国主義国・ロシアに対抗し、とりわけ日本は軍事力で韓国を、さらには満州を利益線内に取り込もうとする。そのためには、既に義和団戦争の後に満州を占領していたロシアに対して、韓国全土を日本の保護国にすることを認めるよう要求した。ロシアはこれを拒否した。日本は、日露戦争に突き進む。

(11) 日露戦争

1904年2月8日、日本軍は、韓国の仁川沖と清国の旅順港で、ロシア艦隊への奇襲攻撃を行い、日露は戦争を開始した。日本にとり、韓国支配のためには、これらの艦隊が障害となっていたためである。2日後の2月10日、日本はロシアに宣戦を布告する。韓国政府は、日露戦争の勃発を懸念し、戦いに巻き込まれることを避けようとして、すでに開戦前の1903年11月と1904年1月に局外中立を声明していた。しかし、日本はこれを全く無視し、開戦後直ちに首都漢城（現在のソウル）に日本軍を送り、韓国政府に圧力をかけ、他方、中国東北部（満州）に軍事侵攻した。韓国政府への軍事的圧力のもとで、2月23日、日本は韓国政府に「日韓議定書」の調印を強要した。韓国を利益線の中に取り込む第一歩である。

(12) 日韓議定書

日本は、この「議定書」で、韓国における軍事行動の自由を獲得した。第1条で、日本政府は「大韓帝国の独立及領土保全を確実に保証する事」と記し、韓国の「独立を保証」するといいながら、他方第4条で、日本にとり戦略上重要な地域の自由使用を認めさせている。すなわち、日本は「軍略上必要の地点を臨機収用することを得る事」に基づいて、軍用地として広大な土地、鉄道、通信施設、海岸と河川の航行権を獲得した。同時に、「朝鮮での日本の『自由行動』を認めない条約を朝鮮が他国と結ぶ権利を剥奪した」[22]

さらに1904年5月31日、日本は「対韓方針」を閣議決定した。ここでは、先の「日韓議定書」で獲得した様々な利権では足りないので、「なお進んで国防、外交、財政等に関し一層確実且つ適切なる」[23]条約を結ぶ必要があるという。

(13) 第1次日韓協約と竹島「領有」

こうして締結された条約が、1904年8月22日の「第1次日韓協約」である。内容は、日本人による顧問政治であり、これは韓国政府の自主権を奪った。韓国政府は、日本政府の推薦する日本人が、財務、外交の顧問となり、すべてを相談すること、また、政府が外国と条約を締結するときは、あらかじめ日本政府と事前の協議が義務づけられた。さらに翌1905年には、「協約」にない軍事、警務、宮内府にも日本人顧問が就いた。韓国の政治・外交・内政は日本の手に握られた。

1月5日、ソウル駐在日本軍司令官・長谷川好道は、ソウルの治安は日本の憲兵が担当すると声明した。これに抗議する韓国民衆に向かって、1月10日、ソウル駐在日本軍憲兵隊司令官は街に布告文を掲示し、威嚇した。その布告文[24]は、①全政治結社の事前許可、結社・集会関係の文書の事前検閲　②屋外集会の禁止　③全集会に日本の憲兵の臨席であった。韓国の政治・外交・内政を日本が掌握し、韓国の自主・自立を侵害し、民衆の集会・結社の自由を奪った上で、1905年1月28日、日本政府は「閣議決定により、我が国は竹島を領有する意思を再確認しました」(日本の外務省パンフレット)と、竹島を日本領に組み入れた。1910年の韓国併合に先立つ、最初の「植民地化」である。4月10日、日本公使は外国に駐在している韓国公使の召還を要求した。

(14) 帝国主義国の勝手な相互承認

「協約」、集会・結社への介入、竹島の「植民地化」は、日露戦争の最中に行われた。日露戦争とは、日本とロシアとの戦争であるが、日本にとってはまずもって韓国の支配・植民地化であることがよくわかる。帝国主義国は、目をつけた〈獲物〉を相互に承認し合う。1905年7月29日、桂太郎首相とタフト米陸軍長官は、「桂・タフト協定」(秘密協定)を結んだ。協定によれば、①日本は、米国のフィリピン支配を認める　②米国は日本の韓国支配を認める　③日・米・英が東アジアの平和のために同盟関係を結ぶ、であった。8月12日、日本は直ちに第2次日英同盟を締結し、英国は日本の韓国支配を認めた。すなわち、日本が、韓国で「政事上」「経済上」の「卓絶なる利益を有する」ので、この「利益を擁護増進」するため、韓国で「指導、統制及保護の措置をとる権利を承認する」（第3条）。日英両国の軍事同盟化も承認した。これらは、大国が勝手に勢力圏、利益線を設定し、韓国国民、韓国政府の意志とは無関係になされた。後の日露戦争の講和にも見られるように、そこに生活する人々の意志を無視したまま、日・米・英・露により帝国主義的な領土のぶんどり合戦、駆け引きが行われた。

(15) ポーツマス条約（日露講和条約）

日露戦争の終結時には、日本は、兵力と弾薬を使い果たし、ロシアも民衆の蜂起で混乱し、両国はポーツマス条約（日露講和条約）を締結した。日本は、英国と共に戦費の60％を支援したアメリカに調停を依頼していた。この条約でもロシア政府から、韓国における「政事上」「経済上」、さらには「軍事上」の「卓絶なる利益を有する」と認められた。また、遼東半島南部（旅順、大連など関東州）の租借権、東清鉄道南満州支線（長春―旅順間、後の南満州鉄道）の譲渡、北緯50度以南の南樺太（サハリン）の領有権、沿海州の漁業権などを獲得した。以降、日本はより露骨に植民地化政策を強行していく。

(16) 第2次日韓協約(乙巳条約)

1905年11月27日、日本軍は韓国の王宮(徳寿宮)を野砲、機関銃で包囲し、王宮で開かれていた御前会議を憲兵と警察で威圧した。この軍事的圧力下で、伊藤博文特派大使、林権助公使、長谷川好道韓国駐箚軍司令官は、「第2次日韓協約」を強要した。その手口は残忍、狡猾であった。韓国政府の御前会議が日本側の「協約」案を拒否したにもかかわらず、伊藤博文は、会議終了後、退席する大臣たちを会議場へ押し戻し、大臣一人一人に賛否を無理強いした。強硬に反対する首相(参政大臣)の韓圭卨《ハンギュソル》は、部屋から引きずり出され、「調印」を強要された。

参政大臣の抵抗を、池明観『韓国近現代史』は次のように記している。参政大臣は「日本が朝鮮を独立国であると声明したことを想起させながら、その10年間、朝鮮が自強しえないのにつけて日本は『わが皮膚を剥ぎ、わが膏血を吸ってほとんど余すところなく、あるものはただ独立の名称のみであるのに、今これを併合して滅ぼそうとするのか』と抗議した」[25]

この日締結された「第2次日韓協約」(乙巳条約)は、韓国を独自の外交ができなくなる「保護国」とした。韓国の外交権は、日本により剥奪された。第1条は、日本国政府が東京の外務省により「今後韓国の外国に対する関係及び事務を管理指揮」すると定めた。第2条で、日本政府の仲介なしには「国際的性質を有する何等の条約若しくは約束」をすることができなくなった。第3条で、「日本政府の代表者として」韓国に「統監」を設置。伊藤博文が初代韓国統監に任命された。12月18日、内閣総理大臣桂太郎は、「統監府及理事庁官制」[26]を作成し、枢密院に承認を求め、21日、公布された。統監府は総務部、農工商務部、警務部を置き、韓国の行政の支配を狙うだけではない。第4条で実質的に軍政をしくことを定めている。第4条は「統監は韓国の安寧秩序を保持する必要と認むる時は、韓国守備軍の司令官に対し兵力の使用を命ずる」ことができる。

こうした日本の統治に抵抗する義兵が各地で蜂起すると、統監府は「兵力の使用」により、武力弾圧を常套手段とする。「第2次日韓協約」が韓国の外交権を剥奪するだけでなく、軍政を始めとする内政にまで干渉することに対して、皇帝高宗は、1907年6月からオランダのハーグで開かれていた第2回万国平和会議に密使を派遣して、第2次日韓協約の無効性と韓国の存亡の危機を訴えようとした。もともと皇帝は「協約」の調印を拒否し、署名捺印もしなかった。この点を挙げて、条約の無効と日本が皇帝の許可なしに一方的に韓国を支配している実態を伝えようとした。

(17) 第3次日韓協約(「丁未7条約」と軍隊解散)

日本は、ハーグへの密使の派遣を口実に、皇帝高宗を強制的に退位させた。これにとどまらず、1907年7月24日、李完用内閣に統監の内政権をさらに強める「第3次日韓協約」(「丁未7条約」)を、皇帝の同意もないまま強制的に締結させた。これにより統監は、施政改善の「指導」、法令制定、行政処分の「承認」、高官の任免と外国人官吏の招聘に「同意」、日本人の韓国官吏の任命の際に「推薦」をすることで内政を全面的に掌握した。この時、条約に付随した「秘密覚書」を調印させた。この「覚書」により、①韓国軍隊の解散 ②日本人官吏や高級官僚を各部署に次官として任命（「次官政治」） ③任命された日本人官吏は警察と司法を掌握した。先にふれた「第2次日韓協約」の「外交権」に加えて日本人官吏が「内政権」を、日本人判事・検事が「司法権」を取り上げ、軍事力も奪った。奪われた「司法権」の一例は、大審院長（最高裁判所長官）を含めて日本人の「判事が165名、検事総長を含めて検事が23名、書記が213名にのぼり、監獄の看守はその半数に日本人を任命することになった」[27]

日本の行為は、帝国主義国家の侵略行為であり、不義不正の行為である。言論機関への検閲を目的に、同じ7月24日に「光武新聞紙法」が公布された。ここで少しナチス時代を振り返ってみよう。ヒトラーが権力を掌握した後、1933年2月4日、「ドイツ国民防衛のための大統領緊急令」が布告された。今まで以上に集会、言論、報道、出版を、「おそれ」だけで制限する権限が政府に与えられた。スイスの新聞は雨あられと乱発されている「発行停止命令」を憂いていた。「光武新聞紙法」は、新聞を印刷する前に検閲がなされた。発行・発売禁止は日常茶飯事になり、新聞のみならず雑誌の禁書も続出した。

(18) 保安法

1907年7月27日、内政、外交、司法、軍事を完全に日本に掌握されていた李完用内閣は、集会・結社を弾圧する「保安法」を制定した。第1条で「(内部大臣)は安寧秩序の保持のために(略)結社の解散を命じることができる」[28]と定めた。「保安法」は「制定当時、朝鮮では独立維持を図る愛国啓蒙運動が言論・結社・集会などの形態で展開されていたが、第3次日韓協約(同年7月24日調印)によって内政への干渉を強めた日本は、それらの運動を取り締まるために韓国政府に保安法を制定させたのである。その際、手本となったのが日本の治安警察法であった」[29]

問題なのは、「集会」「運動」「群集」を「制限」し、「禁止」し、「解散」させることができるのは、現場の「警察官」であると定めたことである(第2条)。「警察官が必要と認める時」「警察官が安寧秩序を乱す恐れがあると認める時」禁止ができる。さらには、「文書、図画の掲示、頒布」や「朗読」の禁止を命ずることもできる(第4条)。これらの制限・禁止行為が現場の警察官の判断に任されている点で、ナチス時代の1933年2月17日にゲーリングが出した命令が思い出される。ナチ党ナンバー2の彼は、既にふれたように(41頁)全警察官に、自分の判断で自由に武器が使える権限を与える「射撃許可命令」を出した。韓国ではさらに1909年2月23日、「出版法」が制定された。これも日本で制定された「出版条例」を手本にした。これにより韓国では発行・発売禁止、押収が繰り返された。

注

（1）日本史広辞典編集委員会『日本史小辞典』山川出版社、２００５、３１４頁
（2）中塚明『現代日本の歴史認識』高文研、２００７、１６７頁
（3）「琉球王国から沖縄へ」『沖縄—日本４００年』第2回ＮＨＫ、２０１０・12・７
（4）松島泰勝『琉球独立論』バジリコ株式会社、２０１４・９・12、32頁
（5）安倍博純、岡本宏、藤村道生、毛利敏彦『資料構成近代日本政治史』南窓社、１９７９、１４９〜１５０頁
（6）韓国教員大学歴史教育科著、吉田志男監訳『韓国歴史地圓』平凡社、２００６、１５０頁
（7）韓国ＫＢＳ歴史スペシャル『東学党』２００６・９・1
（8）梶村秀樹『朝鮮史』講談社現代新書、１９７７、１２０頁
（9）鹿島守之助『日本外交史第４巻日清戦争と三国干渉』鹿島研究所出版会、１９７０、34頁
（10）同書、36頁
（11）中塚明、前掲書、２０３〜２０４頁
（12）原朗『日清・日露戦争をどう見るか』ＮＨＫ出版新書、２０１４、48頁
（13）鹿島守之助、前掲書、42頁
（14）同書、43頁
（15）中塚明、前掲書、１８２〜２３２頁。他に、中塚明『歴史の偽造をただす』高文研、１９９７でも詳細に論じられている。
（16）中塚明、前掲書、１８６頁
（17）同書、１８７〜１８８頁
（18）前掲番組、ＫＢＳ歴史スペシャル

(19) 姜孝叔「第2次東学農民戦争と日清戦争」歴史学研究会編集『歴史学研究』青木書店、25頁。姜孝叔氏は、注にて、この命令の存在は「すでに朴宗根氏によって明らかにされている」と記し、朴宗根『日清戦争と朝鮮』青木書店、１９８２を挙げている。

(20) 原朗、前掲書、57頁

(21) 同書、85頁

(22) 日本史広辞典編集委員会、前掲書、７５３頁

(23) 安部博純、岡本宏、藤村道生、毛利敏彦、前掲書、１６９頁

(24) 池明観、『韓国近現代史』明石書店、２０１０、24頁

(25) 同書、31頁

(26) アジア歴史史料センター、レファレンスコードＡ０３０３３０４５０００

(27) 池明観、前掲書、42頁

(28)(29) ９条からなるこの法は、水野直樹「治安維持法の制定と植民地朝鮮」『人文学報』第83号（２０００年３月）、京都大学人文科学研究所、99頁に掲載されている。repository.kulib.kyoto-u.ac.jp

Ⅷ　韓国併合

(1) 義兵運動

この少し前の1907年8月1日、韓国軍隊の解散命令が出された。これは「第3次日韓協約」に付随した「秘密覚書」で定められていた。言論、結社、出版、表現の自由も次々と奪われ、国そのものが危機に陥る事態にあって、これに激しく抵抗をした人々は、1つは義兵運動に結集し、もう一方では愛国啓蒙運動に取り組んだ。義兵とは、国が危機の時、朝廷に頼らず正義感に燃えて自主的に決起し、侵略者に対して武力抵抗を行う人々である。遠くは豊臣秀吉の2度にわたる朝鮮侵略（1592年の「文禄の役」、1597～8年の「慶長の役」、朝鮮では「壬辰倭乱」、「丁酉倭乱」）の際にも、支配階級である両班・儒生から農民までが義兵闘争に参加し、秀吉の軍と戦った。その後も、とりわけ明成皇后（閔妃）虐殺や、外交権を奪われ保護国とされた第2次日韓協約の時も、侵略者日本に対して義兵が蜂起した。統監府を置き、韓国の行政の全面的支配と軍時的制圧を目論む日本に対して、本書で後に取り上げる尹奉吉は、初め愛国啓蒙運動から出発し、この運動の限界を意識し、後に義兵闘争の流れを汲む武装独立運動に歩み出す。ところで、韓国軍隊の解散に対する怒り、憤りは激しく、とりわけ軍では「第1連隊第1大隊と第2連隊第1大隊の1180余名が日本軍と戦い弾薬庫尽きて774名が捕虜になり、残りは地方に逃れて地方の義兵に合流した」[1]。解散させられた軍隊の中には義兵に加わる元兵士たちも現れ、儒生、僧侶、農民、労働者、商人など多様な社会層が義兵運動に加わり、地域も地方から全国規模に拡大した。

(2) 土地、鉄道、森林の支配

帝国主義国家は、植民地に鉄道の敷設権を得ようとする。植民地から生産物や資源を収奪し、逆に植民地に向けて商品の市場を開拓するためには、物資の運搬が必要だからだ。日本は1899年にソウル—仁川間に最初の鉄道を敷設し、1905年には京釜線（京城—釜山）、1906年には京義線（京城—新義州）を開通させた。開通のために多くの農地が奪われ、「工事現場周辺の農民の労働力や牛が工事に徴発されるため、農作業に支障」[2]がでた。義兵はこれに抵抗し、工事の妨害などの行動にでた。日本は妨害した人々を処刑した。

日清戦争に勝利した日本は、戦争目的にない台湾等を領有した。この時、世界の帝国主義国家と同様に、台湾を「所有者」のいない無主の地であると決めつけ、領有を正統化した。「利益線」の拡大である。とんでもない、台湾には先住民族がいる。世界を分割し尽くそうとする帝国主義政策は、先住民が生存し、「所有」しているのに、無主地であるとして、他国の領土の「所有」を正当化する。こうして狙われた他国の領土は「無主の状態から『所有主』への移転ではなくて、ある『所有者』から他の所有者への移転[3]」の対象になる。まさに不正不義の行為である。世界の「ぶんどり合戦」の先鞭を切るのは、狙った領土での鉄道の敷設である。レーニンによれば、「鉄道は、資本主義工業の、もっとも主要な部門である石炭業と製鉄業との総括[4]」であり、その建設事業は、民主的で、文化的な事業のように見えるが、本質は植民地経営の道具であると言う。植民地の住民のためではなく、宗主国の利益のためである。『韓国歴史地図』は、「1904年9月に龍山と麻浦をつなぐ道路を横切る鉄道工事を妨害した嫌疑で処刑される[5]」義兵の写真を掲載している。

1908年1月、統監府は大韓帝国政府の名で「森林法」を公布した。これにより、森林の所有者は、面積の見取り図を添え、期限内に届け出ない場合は、その森林は国有林と見なされた。多くの森林は、私的所有ではなく、共同体の所有であった。慣習に基づいて協同で使用していた生産の現場を、私有地として報告が義務づけられた。取り上げられ、国有林になった森林は、日本人に払い下げられた。1908年12月、日本政府は東洋拓殖株式会社（東拓）を設立し、植民地経営の役割を中心的に担う組織にしていく。業務は、主として日本人農民の韓国への移住であり、とりわけ日本の過剰人口のはけ口を韓国に求めた。すなわち〈失業の輸出〉である。

1909年7月26日、日本政府は、「韓国併合に関する件」を閣議決定し、これに基づいて「対韓施設大綱」が定められ、併合をさらに具体化する。この「対韓施設大綱」によれば、日本の憲兵、警察に関しては「必要なる軍隊を韓国に駐屯せしめ、且つできる限り多数の憲兵及び警察官を韓国に増派」(6)（第1条）し、併合に反対する韓国の国民の弾圧を目論む。韓国が諸外国と締結していた条約とその国との関係を消滅させることが、日本帝国が長い間にわたり考えてきた「帝国百年の長計」（「韓国併合に関する件」、第1条）(7)であり、韓国鉄道を「日本鉄道院の管轄に移す」（「対韓施設大綱」第3条）(8)とし、世界の「ぶんどり合戦」の先鞭を鉄道が担う。但し、韓国内部にも日本の植民地化に協力し、その利益の分け前に与ろうとする人々もいた。

(3) 韓国併合

日本政府はこれまで、外交権、内政権、司法権を取り上げ、軍隊も解散させ、言論、結社、出版、表現の自由も次々と奪ってきた。さらに農地には、抵抗する農民を弾圧・処刑しながら鉄道を敷き、国有林を日本人に払い下げ、日本の貧農を朝鮮に移住させた。東拓を通して、荒れ地や官庁・駅などに附属した土地を取り上げた。これらはすべて韓国併合以前の政策である。

韓国併合は、1910年8月22日の併合条約の締結以前に、実質的に完了していたのである。外交権は、諸外国が独立国と判断する基準であるが、これを日本が奪い取ることは、国家「百年の長期計画」であったのだ。長きにわたり、じりじりと皮膚をはがされ、肉を切られていく韓国で、１９０９年10月26日、安重根は、これまでの日本の対韓政策の中心人物であり、初代の韓国統監であった伊藤博文をハルビン駅頭で射殺した。この問題は、本書の主題の１つである尹奉吉のレジスタンスの項で再度取り上げたい。

10年８月22日、日本は「韓国併合条約」を第３代韓国統監・寺内正毅と韓国の総理大臣・李完用とが調印し、韓国は以降45年の日本の敗戦まで植民地とされた。この条約では、初めに韓国皇帝が統治権を日本の天皇に譲ると申し出、次に天皇はこの申し出を受け入れると記し、併合があたかも韓国側からの自主的な譲与であるかのような体裁をとっている。併合条約第１条と第２条は次のような文面である。

第１条「韓国皇帝陛下は韓国全部に関する一切の統治権を完全且つ永久に日本国皇帝陛下に譲与する」

第２条「日本国皇帝陛下は前条に掲げた譲与を受諾し、且つ韓国を日本帝国に併合することをすべて承諾する」

この日、日本は「地方から日本軍を集め、各城門、各要衝、王宮・統監邸・司令官邸・閣員邸などを厳重に警備した」[9]。「京城市内は、1、2時間おきくらいに憲兵が巡回し、2人寄って話をしていても憲兵の訊問を受けたというほどの厳戒ぶりであった」[10]。

韓国では併合は、軍事力による不法で、強制的な国土の占領なので「強占」ととらえている。当然である。韓国の主権が不当不法に奪われたのである。植民地支配に反省をしない日本の保守政治家たちの中には、あたかも対等に合併したかのごとく自らの無知をさらけ出す人がでた。代表例は「日韓併合条約は円満に結ばれた」（1995年6月、渡辺美智雄元副首相）、「両国が合意して併合したものであって武力をもってしたのではない。町村合併を大きくしたものと思えば間違いない」（1995年11月、江藤隆美総務庁長官）という。「韓国併合＝町村合併」論はさすがに世論の反発が大きく、江藤隆美は辞任に追い込まれた。武力で脅迫しながら、相手が進んで自分の国を差し出してきたので、もらってやるという盗人猛々しい論理と主権の簒奪は、町村合併とは無縁である。

(4) 朝鮮総督府

「韓国併合条約」に続いて、同年9月30日に「朝鮮総督府官制」を公布し、日本政府は朝鮮総督府を設置した。朝鮮総督には、日本の現役陸海軍大将だけが就任できた（総督現役武官制）。初代総督には、第3代統監で陸軍大臣の寺内正毅が任命された。朝鮮総督の権限は絶大であり、植民地統治の全権を掌握した。第1に総督は天皇に直属し、日本の内閣の統制を受けなかった。すなわち日本の議会―内閣のコントロールの枠外にあったため、法律などは制定されず、日本側からの一方的な命令（「制令」）が法律に代えられた。というのも朝鮮に明治憲法そのものを施行せず、したがって国会も開設させなかったからである。第2に朝鮮総督が朝鮮の独立運動を徹底的に弾圧し、今まで以上に言論、出版、集会、結社の自由を奪い取り、逮捕、投獄、拷問、処刑を日常化した。尹奉吉を始めとする朝鮮独立運動が闘った相手とは、憲法、国会なき軍・警察による弾圧体制であった。

(5) 憲兵警察制度

日本は朝鮮半島に陸軍の2個師団を常駐させ、総督の統率下に置いた。憲兵が警察業務をも兼任する憲兵警察制度を導入した。憲兵とは、一般の人ではなく、主として軍隊を監視し、軍人の犯罪を取り締まるために設けられた陸軍内の組織である。

日本政府は既に韓国の警察制度を解体していたために、代わりに憲兵をこれに充て、普通警察の業務をも担当させた。憲兵警察の権限は、普通警察の業務の代行の他に、①治安の維持、独立運動家の捜索と処断であり ②裁判抜きの即決処分権であり、拘留や重い罰金を科すことである。ナチ時代、ゲーリング・プロイセン州内務相は、警察官に裁判なしに武器の自由使用権限を与えた ③憲兵の人数は増え、朝鮮人も憲兵の助手を務める憲兵補助員として採用され、諜報活動等に従事させられた。

(6) 同化政策

1911年8月、朝鮮総督府は同化政策をめざす「朝鮮教育令」を公布した。一般に複数の集団が、相互の違いを認めあいながら、互いに歩み寄る社会や文化のあり方を「統合」という。

これに対して、他の集団を一方的に自分の社会・文化に組み込み、同質・同調を強いるあり方は「同化」である。ここでは支配的な集団による差別的で抑圧的な言動が顕著となる。

朝鮮教育令の目的は、同化であり、日本の教育勅語に基づいた日本帝国の「忠良なる臣民」の養成であった。朝鮮人を差別・支配しながら、その独立意欲を押さえ込み、「日本人化」を強い、「天皇の臣民」にしようとしたのである。公立学校では、朝鮮総督府が編纂した教科書で修身、国語（日本語）が教えられ、朝鮮人が母語である朝鮮語、朝鮮の歴史を学ぶことを制限した（後に禁止）。官庁のみならず、公立学校では日本人教員にまで制服を着させ、サーベルをつけて教壇に立たせた。後にふれる尹奉吉は、普通学校（4年制小学校）に通っていた時、こうした威嚇的な授業に対して「先生が学生に学問を教えるのになぜあえて刀をささなければならないのか疑問を抱いた」[11]

話は移るが、こうした「サーベル下」の臣民化教育と同化政策を鋭く風刺した作家に、石川県高松町出身の鶴彬《つるあきら》がいる。彼は反戦思想を貫く川柳と思想のため、治安維持法で1937年12月に検挙され、翌年赤痢により豊多摩刑務所に入院、そのまま死去した。彼には朝鮮をテーマにした川柳が7句残されている[12]。そのなかに次の一句がある。

母国掠め盗った国の歴史を復習する大声

鶴彬は、美化された日本の歴史を暗唱・復唱させられる朝鮮の子どもたちに冷酷な臣民化教育の現実を詠みこんだ。なお、鶴彬は、1931（昭和6）年、22才の時、治安維持法違反で大阪衛戍監獄（大阪陸軍刑務所）に1年8ヶ月服役する。朝鮮で逮捕された尹奉吉は、大阪に護送され同じ監獄で、同じ時期に入所させられている。2人の間に対話などがあったかどうかは知られていない。

教育のテーマに戻れば、臣民化教育の中で、朝鮮人の子どもたちには高い教育を与えない「愚民化」施策がとられた。1919年頃の朝鮮人児童の就学率は3・7％であるのに対して、朝鮮在住日本人児童の場合は91・5％であった[13]。

(7) 土地調査事業

日本の植民地政策は3つの時期に分けて説明されている。第1期は、憲兵が警察官を兼ね、即決裁判権までも行使した「武断統治」（1910～19年）である。第2期に、3・1独立運動を弾圧しながら、より巧妙に、さらに過酷な植民地統治を隠蔽する「文化統治」（1919～30年）。第3期は、満州に「生命線」を拡大し、日中戦争で不足した労働力と物資・資源を朝鮮から収奪した「大陸侵略の兵站基地」（1930～45年）の時代である。

このうちの第1期に重なる方針に、土地調査事業があった。19世紀の後半以降、成長した資本主義国家では資本の集積と集中が進展し、企業間の競争は自由競争から一部企業の独占・寡占的な形態に進む。独占価格による利潤の確保をめざし、海外には商品市場を求めて「利益・生命線」を拡げる。土地調査事業は、土地の近代的所有権の確立と税の公平な負担を掲げていた。しかし日本は、朝鮮に朝鮮自身の資本主義が発展することを押さえ、朝鮮を日本の商品販売市場に固定化し、農産物の供給国家に特化する目的を持っていた。そのため、朝鮮総督府は、朝鮮人の土地を取り上げ、これを東洋拓殖株式会社や日本人に安値で払い下げた。とりわけ日清戦争以来、日本人の移民・植民は増え続け、すでに韓国併合前に日本人の土地所有は合法化されていた。

土地調査事業によって、日本人地主の数は1910年の約2200人から1915年には3倍の約7千人に増加している。[14] 一方朝鮮人は、12年8月に出された「土地調査令」第4条で、朝鮮総督府の指定する一定の期間内に土地所有者を申告することを規定した。すなわち「土地の所有者は、朝鮮総督の定めた期限内にその住所・姓名・または名称および所有地の所在・地目地番号・周囲の境界線・等級・地積・結数（収穫物の束数）を臨時土地調査局長に申告[15]」しなければならない。

ところが、この「申告」は、第1に農民に広く知らされてはいなかったこと、第2に申告期間が短いのに手続きが複雑であったこと、第3にこの当時の朝鮮には近代的な土地所有権がはっきりとはしていなかったことから、申告の機会を逃した人々が多かった。こうした未申告の土地や王室、官公庁所有の国有地、村や一族の共有地、森林、草原なども朝鮮総督府の土地に組み込んだ。「土地調査事業によって不法に奪取された土地は全国土の約40％にもなった[16]」

奪われた土地は、東洋拓殖株式会社などに安値で払い下げられ、同時にそれは日本人大資本家の投資用に確保され、これを利用して日本人の大地主が出現した。他方、土地を失い、追われた大多数の農民は、小作農や火田民（焼畑農民）や農業労働者にならざるをえなかった。加えて小作料の高騰や日本人高利貸しの暴利に苦悩する農民は、故郷をあとにして都市部や中国東北部（満州）の間島地方、沿海州、日本などに移住した。

（8）会社令

朝鮮農民から先祖伝来の土地を奪い、土地を持たない小作農に没落させ、朝鮮総督府を「あたかも巨大地主のように」[17]しただけでなく、朝鮮総督府は1911年、朝鮮人自身による企業の成立・発展を押さえ、これを日本企業の支配下に置く「会社令」を制定した。企業の設立は朝鮮総督府の許可制とし、許可条件に反した場合には、総督が事業の禁止や企業を解散させることができた。こうして農地の掠奪を通した農業だけでなく、民族資本、漁業、林業、鉱業などあらゆる産業から搾取を行い、植民地政策を徹底させていった。

（9）工場法

資本主義が勃興すると、1日15時間以上もの長時間労働や低年齢の女子労働や児童労働が頻繁に行われた。労働運動の進展による労働者側からの規制を求める声と、労働力の良質な再生産を求める政府・資本側の主張の接点として、労働者保護立法が制定される。日本では191

1年に公布され、16年に施行された「工場法」がそれである。日本の工場法は第2条で「工場主は12才未満の者を工場に於いて就業させてはならない[18]」と謳い、児童の雇用を禁じている。さらに夜10時~朝4時までの女子の深夜労働も禁じている（第5条）。しかしその対象は常時15人以上の労働者を雇用する工場に限られていた（第1条）。他にも様々な労働現場が対象外とされ、労働者保護法としての役割には大きな限界があった。にもかかわらず、劣悪化する労働環境への一定の批判の側面も持っていた。

一方、植民地朝鮮では、このような欠陥だらけの工場法すら朝鮮総督府が命令（制令）で施行しなかった。したがって朝鮮では、土地調査令で農地を追われ、工場労働者になっても一切の労働者保護から疎外されたままであった。女性たちは「1910年代に朝鮮に入りはじめた紡績・ゴム・食料品・煙草などの分野の工場労働者として働き始めた[19]」が、「劣悪な労働環境と条件のなかにおかれていた[20]」

注)

（1）池明観、前掲書、45頁

（2）韓国教員大学歴史教育学科、前掲書、153頁

（3）レーニン著、副島種臣訳『帝国主義論』大月書店、1964、100頁

（4）同書、12頁

（5）韓国教員大学歴史教育学科、前掲書、153頁
（6）〜（10）市川正明『安重根と日韓関係史』原書房、1979、115〜116頁
（11）金学俊著、李琇恒編、河田宏監修、朴淳仁訳『評伝尹奉吉―その思想と足跡―』彩流社、2010、29頁
（12）たかまつまちかど交流館3階（石川県かほく市高松ツ-56-1）にて紹介されている
（13）池明観著、前掲書、88頁
（14）歴史教育研究会（日本）歴史教科書研究会（韓国）『日韓交流の歴史』明石書店、2007、218頁
（15）丁堯燮著、柳沢七郎訳『韓国女性運動史』高麗書林、1975、70頁
（16）大槻健、君島和彦、申奎燮、世界の教科書シリーズ『新版韓国の歴史第2版』明石書店、2003、398頁
（17）歴史教育研究会、歴史教科書研究会、前掲書、218頁
（18）三和良一、原朗『近現代日本経済史要覧』東京大学出版会、2010、96頁
（19）（20）日韓「女性」共同歴史教材編集委員会編『ジェンダーの視点からみる日韓近現代史』梨の木舎、2006、46頁

Ⅸ　独立運動

(1) 自由平等思想と女性たち

朝鮮の近代には、思想・運動で3つの潮流があった。第1は、衛正斥邪運動であり、儒教倫理を重んじ、保守的な知識人が担い手であった。身分秩序を厳格に区別する性理学（朱子学）を正統な学問として信奉し、他の学問と他国を蔑視し、西洋の思想と文化を受容することに反対した。両班と地主中心の封建社会、差別社会の維持を唱えた。19世紀の終わり頃には、日本の侵略に抵抗し、義兵運動に参加していく。第2は既にふれた「人乃ち天である」という教えの下に結集し、人間の尊厳と平等思想に基づく東学の思想と運動である。この思想は、朝鮮王朝を否定し、輔国安眠を主張して日本と西洋の朝鮮支配に抵抗した。東学農民革命の第1次、2次の蜂起については既にふれた。第3は、個人の自由や人権思想につながっていく開化思想と運動である。自由平等思想に基づいて、自主的な改革思想と運動を生み出し、女性たちの自立をも促した。女性たちは、3重の差別・抑圧に苦しんだ。両班と儒教下の身分差別、家父長制のもとでの男性による性差別、工場労働者の場合には資本からの搾取・抑圧。本書が以降でとりわけ女性の抵抗・独立思想を取り上げるゆえんである。

(2) キリスト教

家父長制と儒教による男尊女卑の社会に近代の風を吹き込んだのは、18世紀の後半の天主教(カトリック)の教えであった。教会では女性が男性の隣で共に礼拝が許された。天国には身分差、男女差が無いと教えた。高麗時代を経て成立した朝鮮時代の身分は、良民と賤民に分けられ、良民はさらに家柄や居住地域などにより、両班[1]、中人、常民(平民)に細分化され、この身分層の間では交流は著しく制限されていた。相互交流が妨げられている時に、男女同席や身分・男女差を越える教えは革命的であった。天主教は、信徒では女性の方が多く、身分と家父長制の抑圧に苦しむ女性たちに心のアジール(避難地)を用意した。しかし、朝鮮政府側からの過酷な弾圧[2]もあり、社会的に広がることはなかった。

19世紀後半に、新教(プロテスタント)が本格的に伝来し、女性宣教師も布教活動に従事した。彼女たちは、とりわけ教育事業に力を尽くし、朝鮮の女性たちに教育を通した自立意識を育んだ。1890年代には「順成会」を創設。この団体は「韓国開化の先頭に立った独立協会主催による官民合作の万民共同会に参加した(略)。女性の外出が自由でなかった当時、進歩的な会合に参加したということからして、前衛的な女性たちの集まりであることがわかる」[3]

こうしたキリスト教の影響を受けた女性たちは、「女友会」(1899年)、「キリスト教婦人研究会」(1910年)など多くの組織を作りながら、活動の1つとしてミッション系の市立・私立女学校の設立に努力する。3次にわたる日韓協約、そのたびに日本の帝国主義的な支配が強化され、彼女たちの活動も弾圧にさらされる。しかしこの活動は、やがて日本の支配に抗する「民族主義的な色彩を帯びるようになり、強力な抵抗意識を培養するようになった。日本帝国主義治下の女性運動家たちはほとんど宗教人であった」(4)

(3) 贊襄会《さんじょうかい》と女権通文

ところで日本は1894年、朝鮮王宮を占領し(「7月23日戦争」)、2日後に清国を攻撃し、そのあとで清国に宣戦布告を行った。同時に、朝鮮の封建的統治体制と外国勢力の侵略に抵抗した東学農民運動を弾圧した。1896年、米国への亡命から帰国した徐載弼《ソジェピル》らによって独立協会が創立され、ハングルだけの新聞『独立新聞』を創刊し、日本の侵略により国が失われはじめた朝鮮を、自主独立の国にする運動を始めた。男女同権、立憲政治、民権拡大も主張し、「漢城の中心地で万民共同会《ばんみんきょうどうかい》という大衆集会を開いて、官民の共同選出による議会の設立など、国政全般の改革を政府に要求した」(5)。「その思想は、日本における自由民権期のそれと対比すべき質をもっていた」(6)

この独立協会と〈姉妹〉の関係にある「贊襄会」が、1898年9月1日、ソウル北村の両班の婦人たちを中心に創設された。「韓国女性による最初の女権運動団体である」(7)。同日、彼女たちは朝鮮政府に「上疏文」を提出し、官立女学校の設立を訴え、また「女権通文」を公表した。これは朝鮮史上「最初の女権宣言文」(8)であった。この宣言文は冒頭で次のように主張した。

「耳目口鼻と四肢五官、肉体に男女の違いがあろうか。どうして男が稼いでくるもののみをだまって食べ、一生を奥まった部屋に閉じこもって他人の節制ばかり受けていられようか！」(9)

「女権通文」の主張を『ジェンダーの視点からみる日韓近現代史』（梨の木社）から2点取り上げてみよう(10)。第1に天賦人権思想を背景に女性たちが文明開化の政治に参加する意志を明らかにした。天賦人権思想は、後に述べるように、尹奉吉の思想にもみられる。第2に女性参政権運動の嚆矢となった。彼女たちは、女性教育の必要性を説いたが、李貞恩氏によれば、その理由は、当時の開化派の「良妻賢母」としての女性教育観とは異なり、「女性自身が社会の構成になることであった」(11)

(4) 文在寅《ムンジェイン》大統領演説：女性独立運動家も列挙

文在寅大統領は、2018年3月1日、3・1独立運動99周年を記念して、独立運動家たちが投獄され拷問、殺戮されたソウルの西大門旧刑務所跡地で演説をした。大統領は、独立運動の団体名を列挙し、続いて安重根《アンジュングン》、姜宇奎《カンウギュ》、朴載赫《パクジェヒョク》、崔寿鳳《チェスボン》、金益相《キムイクサン》、金相玉《キムサンオク》、羅錫疇《ナソクチュ》、李奉《イボン》昌《チャン》、そして尹奉吉《ユンボンギル》ら男性独立運動家の名前を挙げ、この人たちを「建国の父」と称え、「1人が倒れたら10人が立ち上がりました」と表現した。さらに女性独立運動家の一人一人に寄り添うように、名前を挙げ、男性「建国の父」の際には触れなかったその業績も紹介した。「地下の独房で拷問と栄養失調により殉国した柳寛順《ユガンスン》」、「17歳という花ざかりの年で、咸鏡北道明川での万歳運動に参加し、ここ西大門刑務所で殉国」した董豊信《トンプンシン》、「初の女性義兵長の尹熙順《ユンヒスン》」、「白凡・金九先生[12]の剛直な母、郭楽園《カクナゴン》」、「西路軍政署に加入した独立軍の母、南慈賢《ナムジャヒョン》」、「槿友《クヌ》会事件を主導した後、中国に亡命し義烈団の活動を行った朴次貞《パクチャジョン》」、「大韓民国臨時政府の独立資金を作るために国境を6度も越えた鄭靖和《チョンジョンファ》」

(5) 女性独立運動家、尹熙順《ユンヒスン》(1860~1935)

尹奉吉にふれる前に、女性独立運動家であり、大統領が挙げた「初の女性義兵長」の尹熙順を以下に取り上げたい。

義兵とは、既に言及したように、危機の際、政府に頼らず正義と自主性に基づき、侵略者に対して武力抵抗を行う人々である。尹熙順は江原道春川での抵抗が弾圧され、中国東北部（満州）へ亡命し、義兵闘争を継続し、亡命地を3度も変え、死ぬまで闘いをやめなかった女性である。満州に住む漢族と自身の朝鮮族との連合を主張し、行く先々で学校を建て、朝鮮語、歴史などを教え、独立闘争の担い手を養成した。軍事訓練には、甥や息子の嫁まで老若男女に関係なく参加し、彼女自身も60才を超え、白髪を振りみだし、訓練に参加した。父、夫、息子を独立闘争の中で日本軍に殺戮される。

①亡命前

漢陽出身の尹熙順は16才で春川のユ・ジェウォンに嫁ぐ。父親同士が儒学の同門で、ファソ派に属していた。ファソ派は衛正斥邪として保守派であったが、抗日義兵闘争に熱心であった。1895年10月7日、日本により明成皇后が虐殺、陵辱、焼却された。衛正斥邪の儒者たちも全国規模で義兵運動に立ち上がった。彼女も加わりたかったが、義父から「女性」だということで反対される。彼女は「『妻の義兵歌』『義兵軍歌』『兵丁軍歌』」などを作詞・作曲して女性たちの抗日独立精神を鼓吹する一方、親日派と日本兵に書信を送って彼らの罪状を叱りつけた[13]。書信には必ず署名をし、「朝鮮の婦人尹熙順」と記し、「漢陽の女性」や「尹家の嫁」などとは書かなかった[14]。

女性も男性と対等に参加するという強い意志と、堂々と名前を出す独立運動への強固な自信と責任感に私は感銘を受ける。夫も義父も義兵運動で家に不在のこの頃から、周囲の反対にもめげず彼女自身も義兵を募る。日本が「秘密覚書」で韓国軍隊を解散させ、「光武新聞紙法」で新聞、雑誌の発行・発売禁止を日常茶飯事にした1907年頃、彼女は女性義勇兵を率いて義兵隊長になる。しかし近代兵器と火力で武装した日本軍の圧倒的な軍事力には勝てず、各地で義兵隊の敗北が続く。その後満州に亡命し、抗日闘争を続ける決心をする。

②最初の亡命生活：遼寧省桓仁へ

日本による韓国併合の翌年、1911年4月、尹熙順は一族45人の家族と共に春川を去り、遼寧省桓仁で亡命生活を開始した。桓仁は、瀋陽から南東の吉林省近くの町であり、この町の朝鮮族の多い高麗区で荒れ地を開墾し、米作りから始めた。翌年、独立運動家の創った東昌学校の分校として「老学堂」を設立し、算数、歴史、朝鮮語などを教えた。しかし独立運動の中で義父、夫が死。日本の圧力で東昌学校が廃校になり、「老学堂」も教育活動を閉じた。義父、夫に代わり、家長として独立運動を担う彼女は第2の亡命地に移住する。

③第2の亡命生活：遼寧省包家屯へ

1919年3月1日、朝鮮の民衆は世界の独立運動史に記録される「3・1独立運動」に立ち上がった。日本の軍人に一般の警察業務を担当させる憲兵警察制度は、都市部は言うまでもなく山間僻地にまで憲兵と警察を配置し、独立運動を摘発し、弾圧した。土地調査事業、森林法、会社令の施行、一方で工場法の非施行。そして民衆を裁判なしの即決処断で威嚇し、日本の経済的収奪を可能にした武断統治のまっただ中で、尹熙順が第2の亡命地に選んだ場所は、撫順市の包家屯であった。

撫順市は、満州の工業都市であり、抗日運動の盛んな土地であった。彼女は、この撫順市の朝鮮族が多く住む地域にも学校を建設した。講義には中国人、朝鮮人が通い、尹熙順の抵抗の精神を学んだ。1920年、彼女たちは朝鮮独立団を結成し、息子、息子の義父、そして尹熙順自身が隊長になった。学校と独立団での学びと訓練を通して、武装闘争の戦略・戦術を鍛えた。昼間は鍬を、夜は武器を握った。

1931年9月18日、日本の関東軍は奉天（現瀋陽）郊外の柳条湖で南満州鉄道の爆破事件を起こし、これを中国側の陰謀であるとして満州全域の軍事力による占領計画を実行に移した。東北三省（遼寧・吉林・黒竜江省）、内蒙古東部への武力侵略である（満州事変）。尹熙順たちの根拠地・撫順を始めとして、開戦半年で満州全土が制圧された。1932年3月1日、日本の傀儡国家、満州国の独立が宣言された。工業都市撫順の産業は、主として石炭の露天掘りで支えられていた。9月15日、侵略に抵抗し、満州の独立をめざす部隊は、撫順炭鉱の解放を求め、日本軍との戦闘を開始した。日本軍は、翌日、近郊の平頂山に住民を集め、機関銃で皆殺しにした（平頂山事件）。

この日、尹熙順たちは、中国軍と共闘し、撫順を取り戻す戦闘を行った。この時尹熙順は73才。役割は後方支援であった。「馬のエサを運び、独立軍兵士の食糧を運び、負傷した兵士を治療し、前線におかゆを届けた」[15]。戦闘は敗北。第3の亡命地に向かう。先回りをして言えば、尹奉吉は、1932年の満州国独立宣言から約2ヶ月後に、同じ中国の上海で爆弾を投げ、逮捕され、12月金沢で処刑された。撫順での尹熙順たちの戦い、また平頂山事件（撫順虐殺事件）の3ヶ月後のことである。

④第3の亡命生活：遼寧省石城へ

最後の亡命地は同じ遼寧省の鳳城県石城であった。しかし日本軍により村ごと焼かれ、息子が逮捕され、拷問死を遂げる。孫によると「見分けもつかないほど剣で刺されたので遺体を探すのに苦労した[16]」という。彼女は抗日闘争を『自伝』に書き残し、76年の生涯を終えた。

注）

（1）賤民は大部分が奴碑であった。両班は初めは文班（文官）と武班（武官）の官職を有する人を意味したが、後に経済的には地主層、政治的には官僚となり、社会の支配層となっていく。

（2）1801年の「辛酉迫害」に始まり、1866年の大院君の迫害では、全国で8千人が虐殺され、「世界宗教史上、まれな虐殺」であったという（丁堯燮著、前掲書、36頁）

（3）丁堯燮著、前掲書、58頁

（4）同書、59頁

（5）歴史教育研究会（日本）、歴史教科書研究会（韓国）編、前掲書、189頁

（6）梶村秀樹、前掲書、132頁

（7）李貞恩「近代朝鮮における女性主体形成過程の研究（1890年代〜1920年代印刷媒体に現れた女性

言説を中心に）」HERMES-IR、２０１４、１０９頁（http://doi.org/10.15057/26803）
（８）（９）（10）日韓「女性」共同歴史教材編纂委員会編、前掲書、41頁
（11）李貞恩、前掲論文、１１１頁
（12）金九は後に白凡と号を変えた
（13）日韓「女性」共同歴史教材編纂委員会編、前掲書、42頁
（14）（15）（16）「義兵長尹熙順」韓国ＫＢＳ歴史スペシャル、２００８

X　憲法・国会なき弾圧体制

（1）全権委任法

　ここでナチ独裁、ヒトラー独裁を許した全権委任法を思い出してみよう。行政府であるナチ政府は、全権委任法により、法を制定する権限を、すなわち立法権を奪ってしまった。国会の同意なく、すべての法がナチ政府により制定されることになった。国会は、ナチ政府のいいなりに「全権委任法」を通過させることにより、自らの首を縛った。議会自身の自殺。司法権もナチ政府に屈服していき、三権の分立は崩壊した。それまでは、ヴァイマル政府は、まがりなりにも議会で成立する「法」に縛られていた。しかしナチ政府は「法」にもヴァイマル憲法にも縛られることはなくなった。立憲主義の崩壊である。立憲主義で私たちが理解することは、個人の自由（人権）を守るために政府の権力（国家権力）を憲法によって制限する、ということである。

（2）立憲主義

私たちは、学校の授業でこの立憲主義の1つの源流がフランス革命にあることを学んだ。18世紀末、フランスでは絶対王政が莫大な財政赤字を抱え、最大多数の農民は、領主に収める租税、諸貢納、教会が課す10分の1税に苦しんだ。第一身分の聖職者、第二身分の貴族には様々な特権が与えられ、市民、農民、手工業者、労働者などは、生産活動で経済・社会を支えていながら、何の政治的権利をも得てはいなかった。大凶作で、小麦の価格が高騰しても、国王、聖職者、貴族は何の対策もとらなかった。1789年7月14日、市民はバスティーユ牢獄を襲撃し、収容されていた囚人を解放した。解放された人数は少なく、7人程度であったというが、王政に市民が抵抗し、市民が王権に介入し、これを制限し、全体として革命を引き起こしたという事実の持つ政治的意味、世界史意味は極めて大きい。

国民議会は、封建的特権の数々の廃止を可決し、租税上の特権、領主裁判権、教会の10分の1税、官職売買などの特権を廃止した。8月26日、「人権宣言」を採択した。国王は法令の裁可を遅らせ、「人権宣言」を認めようとはしなかった。10月初旬、食糧事情がさらに悪化したことで、民衆はヴェルサイユ宮殿を包囲し、「小麦とパンを」のスローガンの下で、国王一家をパリに連れ戻した。国王と議会は民衆の監視下におかれ、諸改革が進められた。革命の進展に恐れを抱いた国王一家は、パリを脱出し、王妃マリー・アントワネットの母国オーストリアに亡命を試みた。国家、市民が危機に陥っているときに、これらを置き去りにして自分たち一家が逃げ出したのだ。

私が特に記憶しているのは、高校の世界史の先生がエピソードを交え語った次の箇所である。

「馬車には金銀財宝を積み過ぎたため、動かなくなり、結局、亡命の集合場所に遅刻。そこで民衆に捕まってしまった」

どんな権力も腐敗する。権力は民衆により制限されるか、権力そのものを取り替えることを学んだ。こうしてフランス革命以前には、国王は民衆に忠誠を要求し、専制的に民衆を支配していたが、革命後は、民衆が王権を制限し、憲法を制定し、ここで国王が行うことのできる範囲を限定し、権力を3つに分けた。権力者は、革命前のような無制限の権力の行使ではなく、三権分立に基づいて権力者自身を拘束する憲法を尊重し、これを守る義務が生じた。民衆は逆に権力者に憲法を守らせる権利を得た。

(3) 憲法を施行せず

日本は1910年8月22日の併合条約締結から始まる朝鮮の植民地期に、明治憲法（大日本帝国憲法）すら施行しなかった。併合の直前に、10年6月3日の閣議で「併合後の韓国に対する施政方針」を決定し、第1条に次のように定めた。[1]

「朝鮮には当分の間、憲法を施行せず、大権に依りこれを統治すること」

1889年に発布された明治憲法の「天皇の地位は、神話の天照大神がその大権を子孫に伝えるという『神勅』に根拠をおいていた」(2)すなわち、理論としては、神話上の神々と天皇を結ぶものは万世一系の血統、血筋であった。天皇の権力の根拠、正当性が血筋にあるというと、その血筋以外の者は天皇にはなれない。民主主義社会では、生まれる前の親の身分、血統が、生まれた後の人生を決定してはならない。人は努力をすれば、何かになれるという可能性を誰もが持っている。

天皇制とは民主主義に反する制度である。明治憲法は一方で血筋に基づいた君主主義と、他方で君主の統治権は憲法に拘束されるという立憲主義の両方を持っていた。しかし三権の司法、行政、立法は、それぞれが天皇を補佐する役割であった。天皇の権限は強大で、議会の招集・解散、陸海軍の統帥、条約の締結、宣戦・講和などは議会が関与できなかった。選挙資格は、直接国税を15円以上収める満25才以上の男子に限られ、その数は人口の1・1%(45万人)に過ぎなかった。国民の国政への参加は極めて限定されていた。

朝鮮には一切の立憲主義を導入しなかったので、明治憲法のような不十分で、限定的で、形式的な三権分立でさえ、朝鮮では全く保障されなかった。例えば、国会を通して朝鮮国民の意志を形成しようなどとは考えず、あるのはただ日本政府をバックにした朝鮮総督府の命令(制令)、一方的な支配の強制だけであった。後にふれるように、この強制は治安維持法とセットでなされた。

（4）朝鮮人強制連行

朝鮮人強制連行はなかったという論がある。だが植民地支配全体が、強制支配である。強制とは〈意思に反した〉という意味である。まともな社会は〈意思は何か〉を尋ね、その上で〈意思とはこうである〉という回答が得られることが前提である。意思も尋ねず、回答も得ない仕組みが朝鮮支配であった。すなわち朝鮮の国民の意思を汲み、議論をたたかわせる制度を一切とらなかった。植民地本国の日本で施行されていた明治憲法すら朝鮮では施行せず、国会開設も許さなかった日本と朝鮮総督府の政策の総体が「強制」である。

朝鮮人強制連行に関して、電気通信大学教授（当時）西尾幹二氏は、強制連行は「伝聞や記憶を『歴史』にする無責任さ」という見出しの下で、別の大学教授の次の言説を根拠に、強制連行そのものを否定しようとしている。募集し次に官斡旋という「段階説」を取り上げている。（「強制連行」の写真を使うならば）「少なくとも、（朝鮮総督府による）官斡旋が行われた昭和17（1942）年以降のものを使うべきだ。15年当時は、募集形式であり、募集をすべて強制的であるととらえるのはむずかしい[3]」

朝鮮人強制労働の募集形式は、一見すると確かに、①1939年9月からの「統制募集」②42年2月からの「朝鮮人内地移入斡旋要綱」による「官斡旋」③44年9月からの「徴用」と、強制の程度に段階を踏んで強化されてきたような印象を受ける。

しかし、これら①〜③の前に、日本は、日中戦争の本格化に伴い、37年8月、国民精神総動員運動（精動運動）が政権側から起こされ、戦争目的のために国民を一致協力させる体制がつくられた。労働組合、農民組合も戦争協力のために労働争議をやめていく。38年4月、「国家総動員法」が「破局的な国際収支の危機を直接的な統制でのり切らねばならなかった」[4]ことなどを理由として、議会の反対を抑えて公布された。人を戦争目的のために動員する「国家総動員法」に基づいて、次は労働力とその配置に関して、39年7月「国民徴用令」がつくられている。

これらを受けて、①の朝鮮での「統制募集」が始まった。「統制募集」とは「『日本事業主』が朝鮮総督府の割り当てを受け、指定された郡において、末端の面長（村長）と警察の協力を得ながら労働者を確保する方法」[5]である。

太平洋戦争が始まると、「総督府が道、郡、面（村）にまで割り当てを決定し、郡、面役場と警察が責任をもって労働者を供出」する官斡旋。[6]総督府の外郭団体である「朝鮮労務協会」が労働者の供出を主導した。そして「戦局が緊迫してくると（略）『徴用』形式に変わり、令状1つで連行するようになった」[7]

統制募集―官斡旋―徴用と呼称と制度は変化したが、誰がこのように変化させたか、それは日本政府と朝鮮総督府であり、そもそも朝鮮国民の意思を尋ね、その反論を経たわけではない。①〜③の段階を踏んでも、権力者の権力濫用を押さえるために議会で憲法を制定するという立憲主義のかけらもない制度下での労働者の徴用である。「強制連行」以外の何ものでもない。抵抗をする者には、後に述べる「治安維持法」が襲った。

(5) 国会開設を許さず

朝鮮では、国会の開設を求める主張は併合前から存在した。１８９６年設立の独立協会は、官と民から選出される国会の設置を大韓帝国政府に要求した。併合後、朝鮮総督府と日本の帝国議会は、国会の開設を認めなかった。その理由は、国会を認めると、朝鮮の独立に繋がることを恐れたからである。以下に、この問題を朝鮮での支配者側すなわち朝鮮総督府警務局が独立に関する自身の見解を著した『治安状況』[8]を手掛かりに追ってみたい。

併合された朝鮮で、参政権を求め、国会を開設する朝鮮人の運動は、ねばり強く展開された。しかし、『治安状況』によれば、朝鮮人による国会の設置の目的は、「内政の独立にあり、究極においては民族の独立を達成[9]」することとみなされたので、朝鮮人の国会開設運動は、日本では一時期を除いて、全く相手にはされなかった。

具体的にみてみよう。韓国併合後の１９１９（大８）年末に、副島種臣《そえじまたねおみ》、土方《ひじかた》伯爵ら「日本の権力者に密着して生き（略）日本の支配階級に利用された人物」である閔元植《ミンウォンシク》が、参政権運動を始める。彼は同年12月末から始まる日本の第42回帝国議会に、参政権を制度的に保証させる「選挙法の朝鮮施行」を請願する。４回目の出願でようやく請願委員会を通過しようというとき、東京で朝鮮留学生の「兇刃に斃れる」。彼の死は、『治安状況』によれば、日本の官民の同情を集め、衆議院では請願が満場一致で採択される。以降、毎議会に建白書が提出され、請願がなされる。しかし元来、朝鮮総督府は言うまでもなく日本の支配者側は、国会設置を認めれば、朝鮮の「内政の独立」から「民族の独立」に進むととらえていたので、請願は実現の可能性はゼロであった。１９３２年12月の第64回帝国議会でも、『治安状況』には、請願運動は「殆ど反響がない」と記している。その原因を、１つには運動が「かつての熱意を失いつつあること」、他は運動を進める側と、これに反対する側との「内訌派争」（内輪もめ）にあると決めつけている。日本の支配者側の言論・集会・表現の自由を抑圧する姿勢には一言も触れていない。朝鮮側の「運動」の弱さと内部抗争に責任を転嫁している。

日本は、植民地期を通して、朝鮮に国会と大日本帝国憲法すら許さなかった。ヴァイマル憲法を停止し、国会を廃止し、全権委任法がドイツを覆ったナチス時代と全く同じである。ファシズム国家の持つ民意抹殺の共通性である。

(6)台湾でも憲法・国会を許さず

憲法も国会もなしは台湾も同様である。明治憲法は「外地」すなわち植民地には適用されなかった。天皇は「陸海軍を統帥する」「元首」であり、日本国民は天皇の下での「帝国臣民」であった。帝国臣民が持つ帝国憲法上の諸権利は、朝鮮人や台湾人に認められていなかった。朝鮮総督や台湾総督の命令に一方的に従う〈植民地奴隷〉であった。

台湾は、西欧列強と日本との植民地争奪戦の最前線に位置づけられた。日本は日清戦争により台湾を植民地にしたが、これに抗して、1895年5月25日、台湾住民により共和制国家の台湾民主国の建国が宣言された。住民は武力を含む抗日闘争を展開。日本が台北に設置した台湾総督府は、抗日闘争を7~8年かけて武力によって鎮圧した。統治方針は台湾人を日本人にするという同化政策であった。朝鮮と同様、神社参拝の強制、日本語の強要、名前を日本式に変えた。後になり台湾に国会を設置しようと、1921年「台湾議会請願団」が日本の国会に「議会設置請願書」を提出した。その後十数回の請願がなされたが、ついに国会開設は許されなかった。台湾にも民意が権力の濫用を憲法の制定によって押さえるという立憲主義のかけらも実現させせなかった。

(7)3・1独立運動

先に述べたように、19世紀後半になると、個人の自由や人権思想が普及し始めた。文在寅大統領の演説で名前を挙げ上げられた「建国の父」たちは「1人が倒れたら10人が立ち上がり」、女性独立運動家も「義兵長」、「義烈団員」、「大韓民国臨時政府」の構成メンバーとして独立運動に参加した。1876年の江華島条約から韓国併合、そして憲兵警察による抑圧、土地の取り上げ、農地の掠奪、民族資本、漁業、林業、鉱業などあらゆる産業から搾取を行う植民地政策への組織的抵抗は、1919年3月1日の3・1独立運動に合流し、更に全国隅々に広がっていった。

この日、ソウルのパゴタ公園（現タプコル公園）に学生、知識人、労働者、農民たち数千人が集まり、天道教、キリスト教、仏教の宗派代表33名の署名による独立宣言文が発表された。「大韓独立万歳」を叫ぶデモは、平壌、大邱、開城、元山など全国に波及していく。さらに国境を越えて間島（中国東北部）やソ連領沿海州、フィラディルフィア、ハワイ、メキシコ、大阪にも拡大した。労働者はストライキで農民は示威行動で立ち上がった。「女学生はもとより妓生《キーセン》など多様な階層の女性たちが集団的に参加した。参加した女性たちは、引き続いて上海臨時政府（４月11日に成立）に支援するなど抗日民族運動を担っていった。それにとどまらず、以降の女性運動の強固な基盤となった[10]」

運動が主要都市から農村各地まで広く、深く拡大した理由は、国内的には、日本の過酷な弾圧と収奪に対する朝鮮人民全体の抵抗の精神、怒り、強い連帯意識である。とりわけ併合以降の憲兵警察により、朝鮮人から民族的な諸権利をすべて剥奪した武断統治への人間的な叫びであった。国際的には、レーニンや米大統領ウィルソンによる「民族自決主義」の影響である。運動に対する抑圧は、過酷を極めた。武装した憲兵警察だけでなく、日本からも援軍を送り、発砲、抜剣で弾圧した。「参加者は２百万人を超えたとされる。日本側は軍隊・警察による武力鎮圧を強行し、死者７千９百人、負傷者１万５９６１人、検挙者５万２７７０人（日本側発表）を出した[11]」

3・1運動のもつ意味を考えよう。第1に、世界に向けて朝鮮民族の独立問題を喚起した。中国の5・4運動、インド、東南アジア諸国の反帝国主義運動の先駆的役割を果たした。第2に、朝鮮独立運動に質的転換をもたらした。運動の指導者たちは、今までの運動では独立を勝ち取れないとし武装闘争を含む独立運動への転換を自覚させた。その1つが上海に設立された共和制政府・大韓民国臨時政府である。後に尹奉吉は、この臨時政府傘下の「韓人愛国団」に参加する。

(8)『朝鮮教育問題管見』

日本が、朝鮮に国会の設置を認めない理由は、独立をさせないためであった。しかしどんなに憲兵警察による武断統治で弾圧されても、また裁判なしで拘留されても、思想、表現、言論、集会、出版、結社の自由を求め、独立を達成しようとする人びとの闘いは続いた。3・1独立運動の約5ヶ月後、1919年7月25日、朝鮮総督府初代学務課長の弓削《ゆげ》幸太郎は、普通学校教員養成所の卒業生の補習講習会で、「騒擾と教育」と題して講演を行っている。朝鮮の将来の教育を担う青年教師への、朝鮮総督府の教育行政の基本を説いている。この講演は、朝鮮総督府自身が発行した『朝鮮教育問題管見』(12)という書物に詳述されていて、日本という支配者が、植民地支配に都合の良い教師をどのように養成していたかがよく分かる。著者は、朝鮮総督府学務局に務める植民地官僚・大野謙一である。この大野謙一が著した学務課長弓削の講演の要点を以下に示そう。

①植民地官僚の独立運動原因論

弓削の講演の動機は、3・1独立運動に「数十万人が参加し」「検挙者が2万人」「死傷者が2百余人」「学生の多数が参加した」ことが「遺憾」であるので、その原因と対策を支配者側から究明することである。弓削は、3・1独立運動を、騒いで暴行・脅迫をも意味する「騒擾」という言葉で表現している。その原因を5つに分類し、続いて対策を語る。

(a)「騒擾」事件の第1原因は、一部朝鮮人の「感情的な独立欲」であり、これが「根本原因」であるという。彼によれば、朝鮮人は、韓国併合により、日本帝国という「世界一等国の臣民」となって「幸福」であるのに、独立を企てるとは、理解に苦しむ。弓削は、一方でその独立欲は、確かに単なる「感情的」なものではあるが、他方、その「騒擾」に彼の想像を超える「約40万人」もが参加し、検挙者の半数が青年である現実にたじろぐ。「感情」だけの参加論を疑いもする。しかし独立を押さえる植民地官僚としては、支配に「隙間があると直ちに独立欲が発作する」ので注意せよという。

(b)「騒擾」の第2の原因は、国際情勢の影響であるという。それはレーニンが唱えた「民族自決主義」である。朝鮮人が世界の情勢を見聞きし、独立した国々の実例を知り、内外の新聞から世界の「思潮」を知ったことが独立への意志を形成したという。

（c）第3の原因として、総督政治の差別政策への「不平・不満」を挙げている。具体的には、行政分野においては、総督府地方官僚による桑苗の植え付けの強制、農民が所有している山林から材木の自由な伐採の禁止、賦役の多さ、道路敷の強制寄付、朝鮮人官吏を低位に据え置く政策、給料の日本人との格差など。教育分野では、日本には存在するのに朝鮮にはない義務教育の制度、また今よりも高等な教育をうけさせない差別性など。産業分野では、重要機関から朝鮮人の排除。弓削は更に「言論・著作の印刷・発行の不自由」、「参政権」を持たせないこと、憲兵制度等、総じて「差別的待遇」や支配の根幹に関わる構造に「騒擾」の原因があると指摘する。これらが植民地支配の実態である。支配者側からの分析であるため、弾圧の実態に説得力がある。しながらこれらは「騒擾の主因ではない」と説明をする。単なる「一因」であると自分を納得させせているようだ。

（d）第4は、日本本土からやってきた「内地人」への反感である。中には朝鮮人を「劣等なる民族」と見なし、「常に命令者の態度」に出る者がいるので、朝鮮人は反感を持つという。弓削は「命令者」の見下す姿勢や（c）の「差別性」の現実を、類例豊かに、なるほど指摘はする。だがその現実をもたらしている根源が、憲法、国会なき明治政府と朝鮮総督府の「命令」（制令）政治、植民地支配にあることは述べない。

（e）第5に、命令（制令）政治に原因があることに言及しない弓削は、「騒擾」の原因を、「一般朝鮮人の無知」すなわち朝鮮人自身の自己責任に帰す。3・1独立運動は「付和雷同」、何の分別もなく、すぐに追随する「習慣性」が原因だという。

②朝鮮人であることを忘れさせる

こうして3・1独立運動の原因を、国際的には「民族自決主義」への追随（b）、国内的には多数への「付和雷同」性（e）を指摘し、憲兵警察制度や差別的待遇は確かに「騒擾」の一因ではあるが、主因ではないとして（c）、朝鮮人側の無知に責任を求めている。しかし講演では、この後、再び（a）の「独立欲」に戻る。彼にとっては3・1独立運動は「雑然たる烏合の衆」と蔑視しながらも、独立をめざす「根強き」社会的、心理的基盤に圧倒され、「この独立欲だけは決して近き将来になくなるものではないと思う」と述べる。なぜ、なくならないか、それは独立欲が「人間の自然性」だからだという。だからこそ機会さえあれば「ムクムクと独立思想が頭をもたげてくる」と説明する。こうして弓削は「独立欲・思想」が人間の自然であり、抑圧する側にこそ問題があることを自覚しながら、対策は、教育官僚として「自然の性」を押さえ込むことであると説く。そのためには、自分が「朝鮮人であるという考えを消滅」させなければならないという。これで「ついには朝鮮人であることを忘れ、単に日本人であると思うように」なるそうだ。これこそ先にもふれた同化政策である。尹奉吉は「人間の自然性」に基づいて同化政策を拒否した。

③皇国臣民化政策

以上みてきた弓削の唱えた1919年同化政策は、日中戦争が本格化する37年頃からは更に強化される。日本は、「人間の自然性」を抑圧し、「朝鮮人であることを忘れさせる」精神の日本人化政策をとった。とりわけ第7代朝鮮総督南次郎は、「朝鮮人であるという考えを消滅」させるために、日本帝国の「皇国臣民化政策」を推し進めた。例えば、神社参拝を強要し、小学生には「皇国臣民のちかい」を、中学生以上には「皇国臣民の誓詞」を唱えさせた。「皇国臣民のちかい」の第1条は「私共は大日本帝国の臣民であります」、第2条は「天皇陛下に忠義を尽くします」とあった。神社政策では、1村に1神社の方針で、「山間僻地にまで神社を建て、各家庭には神棚をつくらせ、毎朝参拝させた」[13]。拒否したり反対すれば、処罰され、抵抗する宗教系の学校は閉鎖させた。

この皇国臣民化政策は、朝鮮人の精神の抹殺であるが、同時に日本の戦争に朝鮮人を人的資源として狩り出す政策でもあった。こうした政策に従わなかったり、抵抗すれば、弾圧法が待ち構えていた。

(9) 治安維持法

憲法なし、国会なし——朝鮮国民自身の相互批判と意思形成の場を許さず、個人の尊厳も法の支配も認められなかった体制下で、当然ながらこれらを変革し、民族の独立を達成しようとする人々を、今度は弾圧法(治安維持法)が残忍に取り締まった。

①初適用は朝鮮人に

治安維持法が日本本土すなわち「内地」で公布されたのは、1925年4月22日である。この年の5月8日、同じ条文でそのまま朝鮮、台湾にも勅令第175号として施行された。この法律が内地で初めて適用されたのは、京都学連事件であり、1926年1月15日に38名が検挙された。

しかし外地ではこれよりも早く適用され、荻野富士夫氏によれば、「1925年8月の中国東北部『間島』における外務省警察(領事館警察)による『電拳団事件』であった可能性がある」[14]という。朝鮮人学生らが「間島」龍井村で「朝鮮独立および共産主義に関する宣伝文」[15]を撒布したことが問題とされた。この適用を最初とすれば、第2番目は、朝鮮での「1925年11月の第1次共産党事件」[16]である。日本の京都学連事件への適用に先立って、「間島」で、また朝鮮で、共に朝鮮人に対して適用されている。このことは、この法律の本質的な運用が、今後は内地以上に、植民地での独立運動、共産主義運動にあることを予告している。

②拡大解釈と曖昧な適用論理

治安維持法は、「国体を変革し又は私有財産制度を否認することを目的」とした結社や人を処罰する（第1条）。その後1928年6月29日に改正され、「国体の変革」と「私有財産の否定」を分離し、「国体の変革」の方の最高刑10年を死刑へと引きあげた。また処罰する行為の要件を拡大し、結社、組織に加入していなくても、これらを利する行為、すなわち、第1条に目的遂行罪と言われる「結社の目的遂行の為にする行為」(17)を加えた。この改正は、議会で野党の反対にあい、結局審議未了となった。しかし、田中義一内閣は、議会を通さず、天皇の命令（勅令）で、公布した。この勅令を事後承認する1929年3月5日の第56回議会で、ただ1人反対の演説を行った労農党代議士、山本宣治は議会の会期中に右翼に刺殺された。

改正以降、この法律は、さらに拡大解釈をされ、思想と運動を萎縮させた。制定当時の泉二《もとじ》新熊《しんくま》司法省刑事局長は、国会でこう答弁している。社会主義、共産主義組織の構成員でなくとも、本人が「（共産）党員から党員に手紙を持って行ったり、また演説会場で日本共産党の『ビラ』を撒く」ことも「為にする行為」の中に入る。(18)学習会を開いた場合、官憲がこれらの行為を、社会主義・共産主義の構成員の「為にする行為」と見なし逮捕される。

③朝鮮でより過酷に適用

ところで、日本政府は、植民地での独立運動が、なぜ治安維持法の「天皇を中心とする日本の政治体制（国体）」の「変革」に該当するのか、理論付けをしないまま、この法律を適用しつづけた。水野直樹氏によれば、治安維持法の独立運動への適用論理が、判例で構築されないまま、１９３１年6月25日の高等法院判決で、「判例として確立(19)」してしまった。適用の理由付けとは、朝鮮の独立は、（日本）帝国領土の一部を盗み取ることであり、日本の統治権を実質的に縮小、侵害することなので、国体の変革に該当するという解釈である。この「朝鮮独立＝帝国領土の僭窃《せんせつ》＝統治権の内容の縮小＝国体変革(20)」という〈推論〉は、ほとんど疑われずに、繰り返されていく。この〈推論〉は成立しない。その理由は、天皇の政治体制「国体」は、大日本帝国憲法（明治憲法）の制定（１８８９年）によって「法的安定性を得たのだとすれば、朝鮮や台湾を日本が支配していることは『国体』にとって必須のことではないはず(21)」だからである。

以下にこの弾圧法が日本「本土」以上に朝鮮でより苛酷に適用された実態を、先行研究から学び、取り上げたい。

第１に、治安維持法で検挙された人の起訴率は、日本が10％に比べ、朝鮮では30％と３倍も多い(22)。

第２に、治安維持法違反で起訴されても、日本では裁判で死刑判決は出ていない。しかし朝鮮では、「民族独立運動に対して『死刑』が適用されている（殺人、放火、強盗殺人との併合罪が多くをしめる）(23)」。しかし正確な死刑執行者の総数は不明だが、１９３０〜31年の第５次間島共産党事件では18名が死刑となり、うち１名は治安維持法の罪のみを問われて死刑が執行された(24)。

第３に、日本では予防拘禁が制度として明確に導入されたのは、41年３月10日に公布された新治安維持法であるが、朝鮮ではこれよりも早く、「朝鮮思想犯予防拘禁令」が同年２月12日に公布された。近代法の原則の1つに、どの行為が犯罪であり、この行為に対してどの刑罰を適用するかは、あらかじめ法律で定めておくという罪刑法定主義がある。「法律なければ犯罪、刑罰なし」の原則である。犯罪として法律の条文で禁止されていないのに、行為の後に刑罰を科せば、国民の行為を威嚇し、手足を縛ることになる。

25年の治安維持法、最高刑を死刑に定めた28年の改正治安維持法は、タテマエはこの罪刑法定主義を採っていたが、実態は、日本の軍警の自由裁量が大手を振るった。もともと治安維持法の禁止する「国体の変革」がいかようにも解釈できる曖昧な規定であるために、捜査、検挙、取り調べは横暴を極めた。日本軍警は、前もって国民の手足を縛るために、「犯罪」を犯すという予断をたてて、証拠に基づかず、予防拘禁を行った。タテマエとしての罪刑法定主義すら捨てて、日本より早く公布された41年の「朝鮮思想犯予防拘禁令」は、日本よりも多くの人々を予防拘禁した。以降、「44年9月までに89名が予防拘禁を受けている。これは日本本国より多い」[25]

注）
（1）海野福寿『韓国併合』岩波新書、1995、215頁
（2）江村栄一『明治の憲法』岩波ブックレット、1992、37頁
（3）西尾幹二、藤岡信勝『国民の油断』PHP研究所、1997、204~205頁

（4）日本史広辞典編集委員会編、前掲書、363頁
（5）高木健一『戦後補償の論理』れんが書房新社1994、129頁
（6）（7）谷川透「日本鋼管を訴えた金景錫さん」古庄正編著『強制連行の企業責任』創史社、1993、79頁～80頁
（8）朝鮮総督府警務局『最近における朝鮮治安状況―昭和8年・13年』巌南堂書店、1976復刻版
（9）同書、83頁
（10）日韓「女性」共同歴史教材編纂委員会編、前掲書、49頁
（11）竹内理三他編『日本近現代史小辞典』角川書店、1978、196頁
（12）大野謙一『朝鮮教育問題管見』朝鮮総督府学務課内朝鮮教育会、1936、74～89頁
（13）日韓「女性」共同歴史教材編集委員会編、前掲書、147頁
（14）（15）（16）萩野富士夫『特高警察』岩波新書、2012、69頁
（17）（18）林茂編『昭和初年―ドキュメント昭和史』平凡社、1975、202～203頁
（19）（20）（21）水野直樹「植民地独立運動に対する治安維持法の適用」浅野豊美、松田利彦編『植民地帝国日本の法的構造』信山社、2004、434～436頁
（22）中澤俊輔『治安維持法』中公新書、2012、206頁
（23）萩野富士夫、前掲書、70頁
（24）中澤俊輔、前掲書、206頁
（25）同書、207頁

XI 尹奉吉のレジスタンス

以上述べてきたように、憲法も国会も認めず、異議を申し立てたり、〈別の考え〉があることを提示する人々は、治安維持法や「朝鮮思想犯予防拘禁令」で弾圧された。独立運動は言うまでもない。民主主義社会では、一般に「すべて国民は、個人として尊重され」（日本国憲法13条）、人間社会の価値の根源は個人にあるので、この価値、人権を守るために権力を憲法により制限する、という視点で、発言をし、集会を開き、文書を配布し、憲法に基づいて国会で議論を経て、法をつくり、この法に支配される。発言の自由、集会、結社で政府とは異なる〈別の考え〉を示す。別の考えとその表明の手段、すなわち、「他の救済手段」が保障される。

ここでドイツの場合に戻ってみよう。ドイツの憲法（基本法）は、抵抗権について、「他の救済手段」が存在しない場合には「すべてのドイツ人は、抵抗する権利を有する」と謳う。ユッタ・リンバッハ元ドイツ連邦憲法裁判所長官は「抵抗とは、本質的には、通常の合法秩序の打破である」と述べ、他の救済手段が存在しない場合、抵抗は非合法になると発言した。そしてブレーメン他2州では、抵抗は「権利」だけではなく「義務」でもあると定めている。

(1) 理由の如何を問う

以下に反ナチ抵抗者・ゲオルク・エルザーと並ぶ尹奉吉の対日レジスタンスを、ナチス時代と同様に〈憲法・国会なし、弾圧法のみ存在〉という歴史的条件で考えてみたい。社会的現象は、歴史的条件を抜きに解釈できない。江戸時代の百姓一揆を歴史的条件を踏まえないで、「暴力性」などと断罪する論評があるとしたならば、それは誤りである。

1960年6月17日、安保闘争の最中に、全国紙大手新聞7社は一斉に「理由のいかんを問わず、暴力を排し、議会主義を守れ」という共同宣言を掲載した。この宣言は、日本新聞協会の仲介によって、全く同じ文面で地方紙にも掲載された。地方紙は、通常字句を変えたりして、内容に差をつけるそうだが、日高六郎によると「日本の新聞界に一度もなかったほどの、自覚的な画一化の例を読者は見せつけられた」[1]。

ただ、こうしたオールジャパン的な「自覚的な画一化」に同調せず、共同宣言を掲載しないで、宣言に批判的な地方紙があったことを日高六郎は書いていた[2]。以下に引用する「愛媛新聞」と「北海道新聞」である。60年5月19日の夜10時50分、警官隊が衆議院に導入され、社会党議員のごぼう抜きが始まった。日にちの変わる直前、国会会期の単独延長が自由民主党の単独で採決された。野党の社会党・民社党のみならず自民党反主流派も議場に入場しなかった。こうして新安保条約が強硬採決された。両新聞は、国民の抵抗を背景に、政権政党の横暴を指摘した。「愛媛新聞」は社説で、混迷の原因が「5月19日以降の政治の空白に（事件の）大きな素因があることを、政府が認めることなく（略）既成事実として進めようとした」ことにあると論じた。また『北海道新聞』は「よってきたるゆえん」を究明しないで「頭痛がするからと頭にコウヤクをはり、腰痛がするからと腰にコウヤクをはるのはヤブ医者である。政治の医学はターヘル・アナトミア以前に逆行せねばならないのか」と書いた。7社は、解剖学入門書（ターヘル・アナトミア）以来、日本の西洋医学が進歩し、病の原因を解き明かす努力が続いているのに、政治・社会の病の〈よってきたる〉原因を究明せず、すなわち病の歴史的原因に迫らず、「理由も問わず」、表面に現れた「暴力」への反対を共同で宣言し、単にコウヤクを貼り付けることで真相、原因の解明を避け、運動を抑えにかかった。

私が独立運動をテーマにするとき、その「よってきたる原因・理由」とは、植民地支配、〈憲法・議会なし、弾圧法のみ存在〉である。ゲオルク・エルザーの項で、私はレジスタンスとは、非合法の行為をも含めたあらゆる人間の行動であると述べた。エルザー同様、尹奉吉も勇気あるレジスタンスの実践者である。

以下に尹奉吉の思想と行動を、①幼少期を経て　②儒教思想で教育を受け　③儒教思想を離れて農村啓蒙運動家へ　④啓蒙運動の限界を感じて上海でレジスタンスへ　⑤逮捕され金沢で処刑されるまでを順に追ってみよう。

(2) 儒教教育期

尹奉吉は1908年6月21日、忠清南道礼山郡徳山面柿梁里《シリャン》に、父・尹璜《ユンファン》、母・金元祥《キムウォンサン》の長男として生まれた。既に3年前には、「第2次日韓協約」により韓国の外交権は、日本により剥奪され、伊藤博文が初代韓国統監に任命されていた。顧問警察が拡大され、全土に日本人警察官が配属され、日本軍が大規模に駐屯し、韓国の民衆の抵抗は弾圧されていた。1907年には、韓国の軍隊を解散させ、防衛力の無い国に変えてしまっていた。尹奉吉は、6才の時から伯父が教えていた私塾である書堂（寺子屋）で漢文やハングルを習う。そのためにはまず「千字文」が習字用として使われた。1字の漢字の重複もなく、4字1組からなる「千字文」を学習すると、「童蒙先習」に移行した。この書物は題名の通り、「『蒙昧（無知）な児童が必ず習う』ものので、幼い子どもたちを、李朝封建体制に従順な、よき構成者として育成するために編まれた」[3]という。中国の歴代王朝史と朝鮮の建国神話から朝鮮王朝までを解説している。その基本は儒教思想である。「孝」や「事親（親に仕えること）」[4]、大人と子どもの序列（長幼有序）、王と臣下の道理など儒教倫理を説いている。これらは多様な思想を内包する儒教の一面である。

(3) 山猫

尹奉吉の子ども時代の性格については、金学俊著『評伝尹奉吉—その思想と足跡—』[5]に詳しいので、これに沿って人物像を描いてみよう。まず特記する点は、勤勉で向学心の強い少年であった。ひたすら学び、着実な性格で、昼は田畑で野良仕事、夜は寝る暇も無く読書に励んだ。1922年、15才で結婚してからも、晴耕雨読、昼耕夜読の「この上なくまじめで善良な人でした」と、妻・裵用順《ペヨンスン》の回想が紹介されている。2番目の弟・尹南儀《ユンナミ》は、兄が寝ているのをみたことがなく、自分が寝るとき兄は本を読み、夜中に起きるとまた本を読み続けていたという。いちずに勉学と農耕に励んだために、妻の証言によると、日常的な楽しみはあまりなかった。子どもの頃は腕白で直情的な性格であったようだ。短気、頑固、血気盛んという気質が紹介されている。いたずらが咎められて、罰として腿に鞭が入れられても、黙々とこらえ、泣き言も弁解も言わなかった。その野性的な性格のためについたあだ名は「山猫」。この「山猫」はしぶとく、短気でもあったので、少年仲間との喧嘩の際には、後に引いたり、負けたことがなかった。もう1つの性格は、寡黙であり、無愛想で、情に厚い――日本映画では故高倉健の演ずるような人物像である。情と熱き心を内に秘めた人なのであろう。この絵に描いたような勤勉できまじめ、ただひたすら勉学と勤労に励んでいた青年に、「山猫」の反逆心を呼び起こしたのは、日本のむき出しの暴力的支配、不法、不当な統治である。

(4)2年で自主退学

1918年（10才）尹奉吉は徳山公立普通学校（小学校）に入学した。だが、2年通っただけで退学している。その理由は、日本人教師の横暴と学校への失望である。朝鮮総督府が、植民地教育のために設立したこの学校で、日本人教師は帯剣をして授業を行った。学問をする教室に、何故、刀が必要なのか、素朴な疑問である。教師たちは「言葉の端々で天皇陛下を褒め称え」[6]、児童たちをさげすんだ。朝鮮全土でくり広げられた植民地政策への抵抗である「3・1独立運動」（1919年）後、彼は学校をやめる。

(5) 再び儒教教育

その後、徳山面（村）の書堂（寺子屋）で漢学を学び、1921年（14才）、隣村の書堂「烏峙《オチ》書塾」に通い、梅軒という雅号をもつ成周録《ソンジュノク》の門下生となる。漢文、国史を学び、とりわけ『大学』や四書三経を学習した。ここでも中心は儒教教育である。書堂で儒教を習いながら、『東亜日報』紙、『開闢』誌などを通して当時の新しい外国思想に目を開いた。この時の熱い向学心は、先にふれた弟・尹南儀の証言「兄が寝ているのをみたことがない」によく現れている。書堂で行われる試験、詩会でも常に首席を占めた。後に上海で爆弾を投げ、逮捕され、日本憲兵隊本部で尋問を受けた時、日本の取調官が「君は確かに素養がある」と感心したことが憲兵隊が記した『聴取書』に残されている。[7]

15才で裵用順と結婚し、後に2男、2女をもうける。この頃師匠の成周録から、教えるものがもうないので、もっと優れた別の師の下で学ぶようにと諭される。『評伝尹奉吉』によれば、師匠は「惜別の気持ちを込めて雅号[8]」を授け、自分の雅号の1字「梅」を取り、梅軒・尹奉吉と名付けた。師匠は、次のように話した。「梅の花は冬至の師走の雪の寒風の中で芽吹き、花を咲かせ香りを漂わせる木なのだ。どうかお前もその澄んで清らかで孤高たる気風を受け継ぎ、この乱世に屈することなく花を咲かせて世の中に香りを発しなさい[9]」

梅軒・尹奉吉は「烏峙書塾」を去り、以後、独学の道を選ぶ。

(6) 儒教から農村啓蒙運動家へ

尹奉吉は、独学の教材の1つとして日本語の語学テキストを手に入れた。16才の頃である。後に爆弾を投げる2日前、韓人愛国団長・金九《キムグ》に提出した『履歴書』によると、「1年間、一生懸命やったので会話はよくできた[10]」という。この学習と「3・1独立運動」後の人々の解放への意欲、植民地統治への自身の懐疑などにより、男女の生まれながらの平等を説く西洋近代の学問に惹かれるようになる。身分秩序を厳格に守る儒教思想の一面に疑問を持ち始め、やがて儒教から離れていく。

3・1運動後、独立を求める人々の思想と運動は、民族主義系統と社会主義系統に分かれていく。民族主義系統には朝鮮総督府の政治体制に妥協的な人々と非妥協的な人々が含まれていた。妥協的な人々は、朝鮮総督府の〈命令〉政治との軋轢を避けながら、体制内での自治権の拡大や、朝鮮民族自身の資本の育成を図る物産奨励運動に取り組んだ。そのためには国民の教育、啓蒙が最重要課題になる。尹奉吉は〈無知は罪〉であると信じ、農村の〈文盲退治〉をめざし、今度は自身で書堂を設立し、農村啓蒙運動に献身的に取り組む。尹奉吉の足跡を、先走ってこの後を述べれば、彼は、農村啓蒙運動をどんなに徹底して行っても、朝鮮の現実は変わらないことに気づき、やがてこの妥協的な運動から去っていくことになる。上海に亡命し、義兵運動の流れを汲む日本帝国主義への非妥協的な戦いを挑む。その前に、少々もどってまずは農村啓蒙運動家としての尹奉吉に焦点を当てよう。

(7) 夜学の設立

1905年の「第2次日韓協約」(乙巳条約)で、韓国を「保護国」とし、韓国の外交権を、日本の外務省の指揮下に置いた。民衆は決起し、失われた国権の回復運動が韓国全土に展開された。この国権回復運動の一方は義兵闘争を組織し、日本軍・警察と武力闘争で独立をめざした。他方、教育の普及、産業の開発・振興、民権の拡大などを掲げる「大韓自強会」や「大韓協会」が組織され、これらの主張に加えて共和政体の樹立などを目標に掲げる「新民会」などが活動を始めた。また「西北学会」、「西友学会」、「湖南学会」などの「学会」を組織名につけた教育・啓蒙団体が数多く設立された。失われた国権を教育や殖産興業によって回復しようとするこうした団体は、各地に自主的な私立学校を設立した。「朝鮮で近代教育が普及するのは、まさにこの教育運動を通じてです。わずか数年間で3、4千もの私立学校が設立されるほどに統監府文配下の官公立学校を圧倒した」[11]。学校建設を初めとする啓蒙・教育運動の熱意と広がりを背景に、1926年、26才の尹奉吉は故郷礼山郡で夜学を開く。その情熱は、まず第1に、人集めに注がれた。彼は村人の前で熱弁を振るう。「皆さん！　皆さんも私もともに農民です。（略）貧困と無知は別のものではなく、同じものです。私たちの最も大きな敵です」[12]。文字の読めない人にはハングルを教えた。

(8) 女子教育

子どもたちの場合には、夜学に集めることから始めた。親を説得すると、男子の場合には殆どの家庭が反対をしなかったが、女子の場合は、そうはいかなかった。女子教育不要論が強く、とりわけ帰りの夜道の心配に対しては「男女を分けて授業を進め、夜道の帰宅には送ってあげるという条件で説得を重ねた」[13]。先に述べたように、19世紀後半から、自由と民権に根ざした民主主義思想が広がり、封建社会の改革の運動が芽生えてきた。人間の尊厳と平等思想を説く東学の思想、天国での身分差、男女差を否定する天主教（カトリック）、女性たちにも教育を通した自立意識を説くプロテスタント。男女同権、立憲政治、民権拡大も主張する独立協会。「女権通文」を表し、天賦人権思想と女性の社会参加を説く1898年設立の「賛襄会」。こうした主として中央での社会の意識は、地方での夜学、討論会、講演会を通じた識字運動、男女共学と女性の地位向上の思想と結びついて広がった。

尹奉吉の女子教育への熱意には、こうした時代思潮を背景にしていたとはいえ、目を見張るものがある。というのも朝鮮王朝時代（1392-1910）の女性は儒教思想で縛られ、女性の役割とは「経済的な労働力提供者、たんなる『子共を産む機械』、『男性の快楽のための対象』に過ぎなかった」[14]からである。彼が夜学を開設する前年に、女流画家・羅蕙錫《ナヘソク》は詩「ノラ」を書いた。[15]「私は人形であったのね／お父さんの娘である人形で／夫の妻である人形で／かれらのおもちゃであったのね　ノラを放しなさい／すなおに放してやりなさい／高い墻根《かきね》を壊し／深い閨房の門をあけ／自由の大気の中に／ノラを放しなさい私は人間なのです／夫の妻となる前に／子どもの母となる前に／まず、人間であるのです（略）」

尹奉吉は、女子を夜学に通わせない親に対して、「ただ家事にのみ忠実で、無知でもよいという時代は過ぎました」[16]と説得し、「ノラ」の詩のように女子を将来の「母」と「妻」の中に閉じ込める村人たちの意識の改革を求めた。これは17才頃までの生き方の素地を培ってきた儒教イデオロギーから離れることで可能になる行動であった。

〈儒教から啓蒙思想へ、女性も自立へ〉の成長である。

(9)『農民読本』

夜学授業への熱意は、第2に、教材『農民読本』（3巻）を自らが書いたことに現れている。この教材は、金学俊『評伝尹奉吉―その思想と足跡―』[17]が詳細に紹介している。この書によれば、第1巻は散逸しているが、第2巻「啓蒙編」は、挨拶の仕方、格言・ことわざ、手紙の書き方、白頭山（北朝鮮と中国の国境に位置している）、朝鮮地図などを各課が扱っている。国を奪われている朝鮮で、愛国心の喚起がテーマである。第3巻は、25課中、8課以降が散逸しているが、農本思想と平等思想が説かれている。第1課は「農民と労働者」。両者の本質的平等が新体詩で表現されているという。私は農夫であり、／あなたは労働者だ。／我々はまったく同じ働く人間である。／互いに高低の差はない。／私は畑を耕し、／君は鉄を鍛える。／我々は世の中がよくなるように休まず働こう。／前へ前へ、より一層前へ。

第3課では「天賦の自由」が謳われている。朝鮮史上「最初の女権宣言文」である1898年の「女権通文」にこの視点が表現されていた（201頁参照）。自由は生まれながらに持っている権利であり、これが犯されれば取り戻す。この考えは、『評伝』の著者・金学俊氏によれば、後日の上海での尹奉吉の闘いに繋がっていくという。第4課は、農本主義を扱っている。農民による、農民のための、農民の国のあり方が説かれる。農民こそが民族と社会の礎である。日本による1910年代の土地調査事業は、日本人の朝鮮移住と土地の掠奪を容易にし、国有地、村の共同所有地などを朝鮮総督府の所有にし、農村を破滅状態に陥れた。疲弊した農村の立て直しを若干20才の青年が教材に書き表したのである。第6課は農民と共同精神。農業協同組合の必要性を説いている。自他との協働性では、他人の畑がどうなろうと自分の畑だけしっかり耕せばよいという姿勢を戒めている。同じ境遇にいる人々の団結が必要であり、各人が微力ではあるが互いに力を出し合おう、と子どもたちに呼びかけている。「雨粒も団結をすれば嵐になる」[18]

植民地支配に抵抗し、独立精神の養成を、青少年の啓蒙を通して実現しようとする尹奉吉の意欲があふれ出ている。

(10) 復興院

尹奉吉の活動は夜学教育にとどまらない。使われた『農民読本』が農村改革の精神と理論の書とすれば、その実践として1928年、農民のための会館である復興院を設立した。無償で土地を提供した人、青年たちの建設作業への協力——設立そのものが雨粒の団結であった。復興院の実践目標は5つある。①増産運動 ②購買組合の設立。生産物の高値での売りと日用品、農業用品の安価な購入 ③国産品愛用運動。朝鮮人は朝鮮人企業の製品を使うことで自国資本の育成、民族資本の形成を目標とした ④養鶏、養豚、養蚕など副業の奨励。経済性のない樹木からある樹木への転換。児童たちと6千本のポプラの植林 ⑤生活環境の改善。

夜学教育、復興院に加えて尹奉吉の活動は体育振興事業にも向かう。「秀厳《スオム》体育会」という体育団体を結成し、その会長に推薦される。朝鮮の国力の養成と独立への道は、体力の向上が必要である。荒れ地を開墾して運動場を造り、ここで青年たちのサッカーチームをつくった。ちなみにサッカーは英国からドイツなどに紹介されるとき、他律的なドイツ式体操に比べ、精神は〈自律〉であった[19]。早朝と夕方にサッカー、夜は学問と読書会に精を出した。尹奉吉はこうした活動と並行して、村々に読書を勧めた。各家庭を訪れても読む本が一冊も見当たらない中で、書籍の回し読みにも取り組む。弟が証言する〈眠る暇もない〉、全霊を打ち込んだ活動であった。全く同時期に、眠る暇もないほど人権の擁護に取り組んだ人がいた。話は少しそれるが、次にその人について触れてみよう。

(11) 布施辰治とエミール・ゾラ

尹奉吉が『農民読本』を書いた1927年、日本人弁護士の布施辰治は、10月8日、3回目の訪朝で朴憲永《パクホニョン》ら101名の朝鮮共産党事件を弁護するために法廷に立った。裁判開始の直前に全員に次のような手紙を送ったという。「私は共産党事件が持つ意義の重大さをよく知っています。私は到底寝てなどいられません。たとえなんら助けにならないとしても、法廷闘争と抗議に協力することが私の義務であることを痛感します」[20]

彼は、朝鮮農民の土地回収運動を支援し、東洋拓殖会社の不当な土地買収に対して、「土地所有権請求訴訟」を起こし、裁判で朝鮮人の土地所有権を明らかにしようとする。警察による布施の訪朝の妨害にも屈せず、徹底した実地調査を行った。多忙な生活の中で、各地で朝鮮人主催の各種講演会を引き受け、主として全州では、青年会、新聞配達員組合、靴職人組合、鉄工組合、女性青年会、印刷工組合を調査する。これは朝鮮だけでの活動であり、日本へ帰ればこれ以上の仕事が待っていた。尹奉吉と布施辰治は、不正と抑圧に対して全身で闘った。眠る間も惜しんで。

私はかつて『戦後補償法』（明石書店）という本を読んだとき、「人権の感覚」とは何かを学んだ。この書物には、フランスのユダヤ人大尉・ドレフュスの冤罪を晴らすために努力し、弾圧され、亡命を余儀なくされたエミール・ゾラの言葉が引用されている。

「『人権の感覚』というのは、ゾラの言葉を使えば『身におぼえのないぬれぎぬを着せられ、責めさいなまされ苦しんでいる1人の純真な人間がいることを考えれば夜も眠られない』という気持ちである。（略）自分とはなんのかかわりもない、赤の他人がそういう取り扱いを受けたことについて、本能的に、いわば肉体的に、憤激をおぼえることである」[21]

肉親や友人・知人ではなく、全く「赤の他人」への人権無視に〈夜も眠れない感覚〉。私は、著者たちの説く人権の感覚の鋭敏さに恐れおののいた。

(12) 月進会を組織

尹奉吉と布施辰治の〈夜も眠れない感覚〉を後にして、本論に戻ろう。このころ尹奉吉に一大転機が訪れる。それは農村啓蒙運動への懐疑である。

かつて儒教から離れたことを最初の成長とすれば、今、啓蒙運動家から別の尹奉吉への旅立ち——2番目の成長である。成長を促した第1の要因は、独立運動家であり、雑誌社の記者であった李黒龍《イフンニョン》との出会いであった。彼からは、とりわけ「満州」での朝鮮独立軍の武装闘争を教えられる。1920年6月の鳳梧洞の闘い、10月の青山里の闘いでそれぞれ日本軍に勝利した洪範図《ホンボムド》将軍、金佐鎮《キムジャジン》将軍や、姜宇奎《カンウギュ》、金相玉《キムサンオク》、羅錫疇《ナソクチュ》らの活躍を知る。第2の要因は、1928年2月18日、夜学の児童学芸会で演じた劇「兎と狐」が、日本を侮辱するという理由で、翌19日、尹奉吉は徳山駐在所への呼び出しを受けた。この劇は復興院の設立記念として上演された。以降、彼は日本人警官の監視対象になる。1929年3月28日、日々に進んで、月々に前進する会、「月進会」を組織した。[22] 実践要綱を定め①親睦 ②連帯 ③個人の尊厳の尊重 ④公衆道徳の陶冶 ⑤科学的生活方法の発展などを目標に掲げた。[23]

尹奉吉の成長を刻印する第3の要素は、光州学生運動である。1929年10月30日、光州中学校の日本人生徒が、光州—羅州間の列車の中で、光州女子高等普通学校（中学校）の女子生徒たちをからかった。これに憤慨した光州高等普通学校の朝鮮人生徒たちと日本人生徒たちの間で争いに発展した。衝突は何日も続き、日本の警察は日本人生徒を擁護した。朝鮮人生徒は、長年の日本の植民地支配に抗議し、「日本帝国主義打倒」を真正面から掲げ、「植民地教育の撤廃」「弱小民族・被圧迫民族解放」「言論・出版・集会・結社・デモの自由」「社会科学研究の自由」などのスローガンの下、大規模なデモと同盟休校で4ヶ月もの間戦った。参加学校194校、参加学生5万4千名、退学を命じられた学生580名、無期停学処分者2千3百名の「日本統治下における最大の学生抗日運動であった」。[24] きっかけは列車内での衝突であるが、学生たちは日本の植民地支配への抵抗を準備し、学習会を通して社会主義思想をも学んでいた上での運動であった。学生たちの抗日闘争は、大変画期的であり、1945年8月15日の解放後の民主化闘争や李承晩《イスンマン》を倒した60年「4・19革命」につながり、光州闘争として知られる80年「5・18民主化運動」、87年の「民主抗争」に受けつがれている。

(13) 啓蒙運動家からレジスタンスへ

尹奉吉はこの光州学生運動に大きな衝撃を受けた。彼は1929年(22才)の初め頃から日記をつけ始めている。同年12月5日、6日の日記にはそれぞれ「たぎる血を押さえることができなかった」「胸がすっとする知らせではないか!」と書いた[25]。

尹奉吉を成長させた第4の要素は、啓蒙運動への懐疑である。全国的規模での愛国啓蒙運動は、確かに教育を浸透させ、教育者を養成し、民族資本による産業の育成に貢献し、言論活動を通して奪われた国権の回復を求める議論の質と量を高めた。しかし、朝鮮総督府の〈命令(制令)政治〉を突き崩すことはできなかった。日本の植民地統治の「武断統治」期に続いて、3・1独立運動の弾圧後に続くより巧妙で、さらに過酷な「文化統治」期(1919~30年)にあたるこの頃は、尹奉吉自身の『履歴書』によれば、「23才、日が経ち、年が変わっても私たちが受ける圧迫と苦痛はますばかりだ[26]」と書かれている。啓蒙運動に別れを告げ、1つの決心を固める。レジスタンスへの旅立ち。

(14) 上海へ

1930年3月6日、諸葛亮の言葉「丈夫出家生不還[27]」を残して故郷を去る。目的は、上海へ亡命し、ここで独立軍に入り、武装闘争をめざす。そのためにまず鴨緑江を渡り、丹東、大連を経て、青島に到着。ここで約1年、上海行きの資金を得るために洗濯屋で働く。31年5月8日、上海に到着。3・1独立運動後、上海のフランス租界地には、19年4月10日、亡命者たちにより大韓民国臨時政府が樹立された。またロシア領では、同年2月、様々な団体を統合して亡命政府（臨時政府）・大韓民国議会が成立していた。3月21日、独立宣言を発し、大統領・孫秉熙《ソンビョンヒ》以下、副大統領、7名の閣僚が発表された。この2つの臨時政府の所在地は国外であるが、国内にも同年4月23日、ソウルに漢城政府が樹立され、執政官総裁に李承晩、以下11名の閣僚が決まった。この国内で成立した臨時政府も、全員が亡命者であり、活動は国外であった。

(15) 大韓民国臨時政府

1919年9月、3つの臨時政府は上海で統合され、大韓民国臨時政府が誕生した。三権の分立を定め、中央に立法府（議政院）、行政府（国務院）、司法府（法院）を置き、地方には各道、郡、面の連絡調整機関である「連通制」を、また通信、情報の収集分析を担当する「交通局」が置かれた。初代大統領に李承晩、内務総長に安昌浩《アンチャンホ》、さらに5人の閣僚が就任した。彼らは皆独立運動家である。

大韓民国臨時政府の特徴は、第1に、君主制も立憲君主制も採らず、民主共和制であった。王室は完全に廃止された。大韓民国臨時政府憲章第1条は「大韓民国は民主共和制とする」と謳う。第2に、死刑、むち打ち刑を廃止し、公娼制も廃止した（憲章第2条）。第3に、男女の貴賤なく、一切の平等を説き、自由権（信教・言論・出版・集会・結社・居住・身体の自由）の不可侵を定めた。第4に機関紙『独立』を発行（後に『独立新聞』に改称）。第5に、諸外国から認知されることに重点を置き、とりわけ外交活動に力を注いだ。第6に、政府の予算は、海外への亡命者、移住者、国内の支援者に依存した。このことは政権の財政運営を困難にした。第7に、李承晩に代わり金九《キムグ》が指導体制を率い、30年代以降は臨時政府の代表は、実質的には金九が務めていた。この頃、尹奉吉は上海に到着した。上海では、フランス租界地で安重根の弟安恭根《アンコングン》と知り合う。彼は尹奉吉に、日用品を製造している「ミリ公社」に就職を斡旋する。尹奉吉は、ここで「労働組合の準備段階」の組織「韓人工友親睦会」を組織する。[28] しかし、社長との関係がうまくいかず、就職による生活の安定にも関わらず、職場を辞める。31年7月頃、尹奉吉は金九に初めて会う。その後、毎月1回は会い、2人は独立運動の議論を交わす。臨時政府の代表格の金九は、解放の日まで終始独立運動をリードし続けた。自身が2人の息子に遺書代わりに書いた自叙伝『白凡逸志』の中で、独立への意欲を次のように語っている。「独立なき民として、70年の生涯を悲哀と恥辱と苦悩の中に生きてきたわたしにとっては、世の中でいちばんすばらしいことは、完全に自主独立した国の民として生き、そして死ぬことである」[29]

(16) 韓人愛国団

金九は、政府の直属の特務機関としての「韓人愛国団」を組織した。この組織は大韓民国臨時政府の国務会議で議決され、金九自身が責任者になり、結果のみを国務会議に報告する秘密結社であった。要人の暗殺などを主眼とする闘いは「義烈闘争」と呼ばれ、西欧にも「暴君暗殺」としてしばしば歴史に登場する。金九は「義烈闘争」を通して、支配者の交代を狙い、独立の機運を高め、国民に勇気を与えようとした。憲法も、議会も許されず、批判や別の考えの表明は日本以上に過酷な治安維持法で弾圧される植民地支配。こうした体制は、抑圧のない「完全に自主独立した国」をめざす人々を追い込んで、支配者の交代をめざして少数の決死隊による「暗殺」を選択させた。「暴君殺害」以外、他に、代替手段を持たせない状態に追い込んだ。

韓人愛国団は李奉昌《イボンチャン》を日本に入国させ、32年1月8日、天皇の暗殺を企てた。尹奉吉に先立つ金九の命令である。失敗したこの事件（「桜田門事件」）を尹奉吉は上海の中国紙を通じて知る。彼はこの年の4月、李奉昌に爆弾を渡した女性革命家・李華林《イファリム》と「偽装結婚」[30]をする。李奉昌の後に続くためである。野菜売りをしながら日本の動向に注意を払う。32年4月20日、日本語新聞『上海日日新聞』を彼は見る。4月29日の天皇誕生日（天長節）に、日本軍が上海占領（第一次上海事件）を記念して、上海の新公園（現在の虹口公園）で祝賀会が開催されるという。これに「参加する者は弁当と水筒と日章旗を1つ携帯して来るようにという布告」[31]が掲載されていた。32年4月26日、尹奉吉は韓人愛国団に入団する。その「宣誓文」には「中国を侵略する敵の将校を殺戮する」[32]ことで「祖国の独立と自由を回復する」[33]と書かれている。

(17) 君が代にも命中

4月29日11時40分、式典が始まった。2日後に日本の『北海タイムス』は次のように報じた。[34]「観兵式後官民合同祝賀会にて君ケ代合唱が将に終らんとし、『苔の蒸すまで』に来たところ式台右後方約3メートルのところの会衆に交じっていた一見26、7才の怪漢が式台に向かって携え持った爆弾を投げつけた（略）爆弾を投げつけた一名は直ぐその近くにいた憲兵のため逮捕され激昂した群集のため袋叩きにされ（略）」。

爆弾は、壇上に狙いを定めただけでなく、君が代にも命中した、象徴的に。理由はこうである。既に大韓帝国の国歌の演奏は、1907年の軍隊の解散とともに禁止されていた。軍隊の解散は、その下で国歌の演奏を担当していた軍楽隊の解散でもある。国歌は演奏の担い手を失った。代わりに音楽の教科書に登場してきたのが日本の国歌――君が代であった。[35]君が代は、以降、朝鮮半島で国民の独立心を押さえ込み、日本人化の役割を担った。

尹奉吉は携帯を許された弁当箱と水筒に爆弾をそれぞれ1つずつ入れていた。そして水筒に入れた小さい方の爆弾を式壇に向けて投げつけた。壇上にいた7名のうち、白川義則陸軍大将・

上海派遣軍司令官は重体、５月26日に日本で死亡した。川端貞次・日本居留民団長は、翌日命を失う。後にミズリー号艦上で日本の降伏文書に署名をすることになる重光葵・駐中国公使は後に右足を切断した。他の４名は重症を負ったが一命をとりとめた。

尹奉吉は逮捕後、凄惨な拷問にさらされた。その一端は、『処刑のあとさき』という小説の形式をとったルポルタージュで、次のように描写されている。「手の指はみんな骨折したまま曲がっている」[36]「前歯がすっかり欠けている」[37]。朝鮮国内の新聞はもちろん、米国の『ニューヨーク・タイムズ』『ホノルル・スターブレティン』、英国の『タイムズ』『デイリー・テレグラフ』、『デイリー・エクスプレス』さらにはスイス、仏の新聞も、速報で、またシリーズで報道している[38]。国際的に大きな反響を呼んだ。後に金九が英字新聞に投稿し、自分の指示であったことを公表した。

(18) 戦傷死

日本側は尹奉吉の行動をどのようにとらえたのであろうか。

陸軍省は「上海ニ於ケル天長節式中爆弾兇変事件」という公式記録を書き、白川大将の死を、テロリストによる死ではなく「戦傷死」と認定している。認定のまとめを以下のように記した。以上の諸点をいろいろと綜合して観察すると白川軍司令官の死は、単なる公務死亡ではなく、戦傷死としてその事実を判定することが極めて当然のことであると認める。[39]

「戦闘」後の病死であり、相手を「天長節式中に爆弾」を投げた〈「戦闘」員＝兵士〉と見なしている。砲弾を投げる〈兵士〉といえば、ブルガリアで第二次世界大戦の末期に発行された切手に「擲弾兵」がある。今、爆弾を投げる瞬間の図柄である。1932年5月25日、尹奉吉は、日本の上海派遣軍軍法会議で記者や傍聴人が法廷から締め出されたまま「死刑に処す」という判決を受ける。罪名は、殺人罪、傷害罪、爆発物取締法違反であった。この時の彼の最終陳述を『評伝尹奉吉』は、以下のように叙述している。「私は大韓（帝国）の戦士として、日本軍に独立戦争を展開したのだ（略）、私の命を奪おうとしても、私の独立精神は死ぬことはないだろう（略）。歴史の流れを固く信じて、日本帝国主義が消滅する日まで引き続き地下で闘い続けるだろう！[40]」

(19) 上海―大阪―金沢―銃殺

尹奉吉は、上海の刑務所に収容された後、1932年11月20日、上海憲兵隊により大阪の陸軍衛戍刑務所に入れられる。約1ヶ月後に処刑のために金沢へ送られた。何故金沢か。第1次上海事変を引き起こした上海派遣軍が、金沢に司令部を置く陸軍の第9師団を主力部隊としていた。これが金沢を処刑地に選んだ一因である。12月18日、金沢に到着した尹奉吉は、厳重な警戒態勢の下、「手錠をはめられたまま直ちに自動車で師団拘禁所に収容」される筈であったが「修繕中なりしをもって（第九師団）法務部に拘禁[41]」された。

金沢市内は、警察官300人、これに第九師団の兵士、憲兵隊を加えて500人ほどが非常招集されていた。先にもふれた大戸宏著『処刑のあとさき』は、尹奉吉が上海で爆弾の投擲の準備段階から始まり、処刑され、遺骸の発見までを描く戯曲風のルポルタージュである。処刑前日の夜を次のように書いている。

「やがてこの世から失せる自己の肉体をベッドに横たえ、暗く凍てつく牢獄の天井を見上げた。夜になって一番嬉しいのは、両手錠と腰紐が解けることだ。荒れ痛めた両の手を擦り合わせる自由だけが夜だけ与えられる」(42)

翌19日、早朝6時過ぎ、起床、支度をする。一睡もしなかったようだ。刑場は、金沢市三《みつ》小牛山《こうじやま》の陸軍作業所であった。刑架を背にし、2人の射手。眉間を2発が打ち抜いた。検視を担当した陸軍一等軍医・瀬川吉雄は、曽根

第九師団司令部法務部事務室（2018年、第九師団司令部が移転前に県民に公開された）
尹奉吉は処刑前日に第九師団「法務部に拘禁」されたという。具体的なことについては、なお資料が必要である。

処刑直前の尹奉吉
（出典：梅軒尹奉吉義士記念事業会・梅軒尹奉吉全集編纂委員会『梅軒尹奉吉全集』第6巻、梅軒尹奉吉義士記念事業会梅軒研究院、2012.6.21）

金沢憲兵隊長に告げた、「昭和7年12月19日午前7時40分、死刑囚・朝鮮生まれ平民・尹奉吉の銃殺を執行致しました」(43)

(20) 暗葬

ここから日本側の虚偽報道が始まる。3点を挙げたい。まず①「火葬説」がまことしやかに吹聴される（次頁新聞記事）。死体は「火葬場に於て荼毘に附された」（『北陸毎日新聞』1932・12・19夕刊）、「直ちにその場で火葬にした」（『大阪毎日新聞』1932・12・20）、「金沢市設火葬場で火葬に付して」（『北國新聞』1932・12・19）。だが実際は火葬ではなかった(44)。②真実は遺体は直ちに〈捨てた〉にもかかわらず、「9師団法務部では重刑者とはいえ丁寧に保管し」ていた（同上『北國新聞』）、「遺骨は共産党員の奪取を怖れ某所に安置されてある」

（同上『北陸毎日新聞』）。③朝鮮の遺族への連絡は全くしなかったにも関わらず、「死体引き取り人として家族がきていない」（同上『北國新聞』）、「遺族には遺骨を引き取る意志ないものと見られる」（『北國新聞』１９３２・12・21）、近く「引取者に送付される筈である」（同上『北陸毎日新聞』）。尹奉吉は、上海で逮捕されて以降、自身が一度も家族に手紙を書くことも許されず、また日本の軍と警察が彼の所在を家族に伝えることもしなかった。したがって、「死体引き取り」に家族はそもそも来られなかった。「遺体はダビにして遺族に引き渡すべきところ朝鮮人の家族であるだけに、（第）９師団の判断でそうしなかったのである」[45]。遺族に連絡もせず、「保管」も「安置」もせず、「火葬」もしなかった。

処刑場から直線距離で約１キロメートル離れた所に野田山がある。遺体は、この山の中腹で、陸軍墓地と一般墓地との間の、ゴミ捨て場に通ずる窪地に埋め捨てられたのであった。彼が「地下」から蘇るのは13年後のことである。戦後になり、１９４６年の３月、金沢市東山に本部のある朝連（在日本朝鮮人連盟）の人びとは、尹奉吉が金沢市で銃殺され、野田山のどこかに埋められていることを知る。この山には、山頂の方に前田利家加賀藩主の一族の墓や、中腹には戊辰戦争以来の兵士を埋葬した陸軍墓地がある。３月６日、遺体は朝連や金沢在住の在日朝鮮人の努

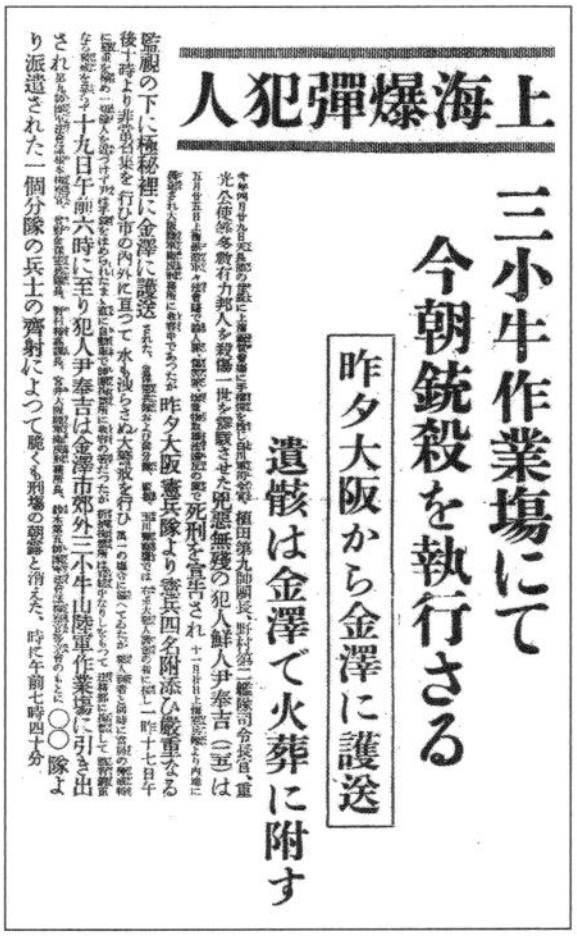
上海爆弾犯人
三小牛作業場にて
今朝銃殺を執行さる
昨夕大阪から金澤に護送
遺骸は金澤で火葬に附す
[illegible]植田第九師團長、野村第三艦隊司令長官、重光公使等數名有力邦人多殺傷一世を震駭させた兇悪無残の犯人鮮人尹奉吉（二五）は[illegible]死刑を宣告され[illegible]昨夕大阪憲兵隊より憲兵四名附添ひ嚴重なる監視の下に極秘裡に金澤に護送された[illegible]後十時より非常召集を行ひ市の內外に亘つて水も洩らさぬ大警戒を行ひ[illegible]十九日午前六時に至り犯人尹奉吉は金澤市郊外三小牛山陸軍作業場に引き出され[illegible]○○隊より派遣された一個分隊の兵士の齊射によつて脆くも刑場の朝露と消えた、時に午前七時四十分

処刑を報道する新聞
（『北國新聞』1932.12.19）

力により発掘された(46)。韓国では、遺体を何処に埋めたか分からないかたちで遺棄する埋葬を「暗葬」と言うそうである。

だが、「暗葬」されたのは尹奉吉だけではなかった。日本の朝鮮侵略と植民地支配そのもの、日本と朝鮮半島の歴史そのものも「暗葬」されたままである。尹奉吉を通して、日本の「明治150年」の「暗葬」が解明されなければならない。

尹奉吉の行動に先立つこと23年前、1909年、安重根はハルビン駅頭で伊藤博文を殺害したが、安重根の主張も「暗葬」されたままだ。安重根は、法廷で15の動機を毅然たる態度でよどみなく述べている。例えば、伊藤が指揮して韓国王妃を殺害、皇帝を廃位した。軍隊を解散し、外交権、司法・行政の実権を奪った。憲法、国会なしの植民地支配体制を完成した者への闘いも「暗葬」させておくわけにはいかない。

注

（1）（2）日高六郎『1960年5月19日』岩波新書、1960、225頁
（3）朴世茂著、李大淳、望月幹生編訳『童蒙先習』YB出版、2001、9頁
（4）同書、8頁
（5）金学俊、前掲書、2010
（6）同書、30頁

（7）金度亨「尹奉吉の思想と韓国独立運動史的な位置（要約）」韓国独立運動史研究所『尹奉吉義挙と世界平和運動』、日韓共同学術シンポジウム、２０１７・12・２～３、60頁
（8）（9）金学俊、前掲書、52頁
（10）金度亨、前掲書、52頁
（11）尹健次『きみたちと朝鮮』岩波ジュニア新書、１９９２、１００頁
（12）金学俊、前掲書、62頁
（13）同書、63～64頁
（14）（15）丁堯燮著、前掲書、２０４～２０６頁
（16）金学俊、前掲書、64頁
（17）同書、72～92頁
（18）菅野昭夫弁護士（金沢合同法律事務所所長）１９９９・７・２　北陸大学教職員組合結成４周年記念講演
（19）田村光彰「サッカーがもつ国際性―ワールドカップ開催に寄せて」『聖教新聞』２００６・６・15
（20）李圭洙「布施辰治の韓国認識」高史明、大石進、李熒娘、李圭洙『布施辰治と朝鮮』高麗博物館、２００８、２１０頁
（21）今村嗣夫、鈴木五十三、高木喜孝編著『戦後補償法』、明石書店、１９９９、32頁
（22）韓国には独立運動家を顕彰する団体が多い。尹奉吉によりつくられた「月進会」は、現在、彼の独立精神を継承し、顕彰し、彼から学び、東北アジアの平和友好運動に取り組む「韓国月進会」に受けつがれている。会長はかつて死刑判決を受け、金大中政権で「厚生大臣」を務めた李泰馥氏、前会長は３年の獄中生活を経て、ソウル選出国会議員を２期務めた李佑宰氏である。両者共に韓国の民主化闘争に献身し、そのための入獄である。なお、日本には金沢に「月進会日本支部」（会長・朴賢沢氏）がつくられ、活動を続けている。
（23）梅軒尹奉吉義士記念館展示（ソウル）

(24) 池明観、前掲書、154頁
(25) 金学俊、前掲書、122頁
(26) 金度亨、前掲書、53頁
(27) 中国の三国時代の政治家・武将である諸葛亮（181～234）が、魏に出兵する際に『出師の表』を上奏した。この文章にある言葉。
(28) 金学俊、前掲書、173頁
(29) 白凡・金九著、梶村秀樹訳注『白凡逸志―金九自叙伝』平凡社、1986、319頁
(30) 日韓「女性」共同歴史教材編纂委員会編、前掲書、65頁
(31) 白凡・金九著、前掲書、264頁
(32)(33) 前掲、梅軒尹奉吉義士記念館展示
(34)「上海の手榴弾事件」北海タイムス、1933・5・1
(35) 大韓帝国愛国歌（国歌）と君が代との関係は、田村光彰「『大東亜聖戦大碑』と死者の尊厳」日本の戦争責任資料センター『季刊戦争責任研究』第76号、2012年夏号、9～14頁をご参照。この拙稿は、加島宏代表『反天皇制市民1700ネットワーク』2013・1・21に転載して下さっている。
(36) 大戸宏『処刑のあとさき』大和印刷株式会社、1991、52頁
(37) 同書、78頁
(38) 洪善杓「尹奉吉義挙に対する国内外メディアの反応―国内と欧米メディアを中心に」前掲書、韓国独立運動史研究所『尹奉吉義挙と世界平和運動』、63～83頁（朝鮮語）84～103頁（日本語）が朝鮮・米英仏スイス等の報道を分析している。
(39) アジア歴史資料センター、Reel No.A-0195
(40) 金学俊、前掲書、234頁

(41)『北國新聞』１９３２・12・19
(42) 大戸宏、前掲書、76頁
(43) 同書、90頁
(44) 埋葬の違法性に関しては、小松基地問題研究会「アジアと小松」No.88、２０１７年10月号が詳しく論じている。
(45) 大戸宏、前掲書、98頁
(46) 暗葬と顕彰に関しては、金祥起「尹奉吉義士の金沢での殉国と顕彰事業」、前掲書、韓国独立運動史研究所、１０５〜１２３頁（朝鮮語）１２４〜１３９頁（日本語）が新知見を基に論じている。

XII　尹奉吉のレジスタンスの歴史的位置

（1）尹奉吉の目的

尹奉吉の願いは「祖国の独立と自由の回復」であった。日本の植民地統治は「敵の将校を殺戮する」手段以外の選択肢を許さなかった。〈憲法、国会なし、弾圧法のみ存在〉下で、社会を変えるためには〈暴君殺害〉の行動に追い込んだ。しかし、尹奉吉自身は、敵の将校の排除により、朝鮮の独立が実現するとは考えていなかったようである。逮捕され、陸軍法務官らにより書き記された「尋問調書」には以下の言葉が記されている。

「現在では朝鮮は実力が無いから積極的に日本に反抗して独立することは不可能と思います」[1]

「勿論1人や2人の上級の軍人を殺して独立が容易に行われるとは思いませぬ。今回の爆弾投擲は独立に直接効果は有りませぬが、只朝鮮の覚醒を促し、更に世界の人々に朝鮮の存在を明瞭に知らせるためであります」[2]

彼の目的の1つは、朝鮮人自身に対しては祖国解放に向けて目を覚まさせること、世界に対しては朝鮮の存在を知らせることであった。もう1つの目的は、日中間の戦争が更に先鋭化し、それにより日本が疲弊することで、朝鮮の独立を早める戦略をいだいていた。同じ「尋問調書」で2度も同じ答えをしている。そのうちの1例を引用しよう。「世界に大きな戦争でも起こり強国が疲弊すれば、その時に各国民が独立が出来ると思います。例えば、欧州大戦後、セルビヤ、ポーランドの各国が大国から解放せられた様に、きっと朝鮮も独立ができるだろうと考えて居りました」(3)

尹奉吉の言うとおり、第一次世界大戦という「世界に大きな戦争」が起こり、戦前の4つの帝国が崩壊した。領土拡大、他民族抑圧を特徴とする帝国主義間の戦争の中から、民族自決主義に基づいて、多くの民族国家が独立した。帝国主義間の戦争は、独立の好機であり、内乱に転嫁された。例えば、ロシア帝国からバルト3国(エストニア・ラトヴィア・リトアニア)、フィンランドが、オーストリア＝ハンガリー帝国からはオーストリア、ハンガリー、チェコスロヴァキア、ユーゴスラヴィアが独立した。またロシア・ドイツなどに分割占領されていたポーランドも独立国家として復活した。

(2)レーニンの民族自決権

こうした独立に多大な影響を与えたのは、1917年11月8日、ロシア11月革命の直後に出されたレーニンの「平和に関する布告」である。ここで領土の無併合、戦後の無賠償、そして民族自決が謳われた。民族は自らの政治体制を決定する権利を持つという民族自決権の理念は、多くの植民地支配にあえぐ諸国民に希望の光を与えた。朝鮮「3・1独立運動」もその例外ではない。遅れて翌年1月、ウイルソン米大統領も「14箇条の平和原則」で民族自決を宣言した。ところで、尹奉吉が尋問で答えた「世界戦争による大国の疲弊」は、もともと金九の論理である。1931年9月18日、関東軍は奉天郊外の柳条湖で、南満州鉄道の爆破事件を計画的に引き起こし、これを中国側の陰謀であると中国に責任転嫁し、満州全域の占領を開始した（「満州事変」）。翌年の1月18日、日本軍は満州支配への国際的な関心をそらすために上海事変（第1次上海事変）を仕組んだ。この時日本側は上海市長に抗日団体の解散を求めた。中国側はこれをすべて認めた。上海臨時政府の金九らは、抗日団体は解散せよとの脅しを受け、事変は中国の一方的な敗北で終わろうとしていた。金九は、日中間の戦争による「日本の疲弊」を期待していたが、「中国人民と中国政府は日本の侵略を容認してしまった」(4)

5月5日には停戦協定が結ばれ、4月29日の官民合同祝賀会での尹奉吉の闘いは、中国側の停戦協定締結を予見しつつ、これに反して中国に日本と本格的に戦わせ、日本を疲弊させる金九の方針を貫徹する意図を持っていた。

(3) 中国政府要人の朝鮮独立運動支援

尹奉吉のレジスタンスの意義についてふれたい。第1に、朝鮮と同じように日本に侵略されていた中国と朝鮮が、以降、共に日本に対して戦う端緒になったことである。抗日独立運動家の李康勲《イガンフン》の次の評価はよく取り上げられる。すなわち、中国の国家元首（蔣介石）は尹奉吉の行為を高く評価し「百万の中国軍が到底なしえなかったことを1人の韓国勇士が断行した」と述べた[5]。そして中国政府の要人たちが、物心両面で金九を「中心とする独立運動を助けようと殊勝にも心をくだいてくれた[6]」とした。

　中国政府を本格的に抗日闘争に参加させる——これは金九、尹奉吉の大きな目的であった。尹奉吉の行動は、蔣介石の賞賛、朝鮮独立運動への支援、参戦と並んで、1943年11月27日、米（ルーズヴェルト）英（チャーチル）中（蔣介石）の「カイロ宣言」に「朝鮮の人民の奴隷状態に留意し、やがて朝鮮を自由独立のものにする決意を有する」との文言を入れるきっかけを作ったという。その理由は、李康勲によれば、この宣言の作成時に、中国代表・王世杰の演説を挙げている。その演説とは朝鮮が「日本帝国主義の支配から離脱して自主独立国家として新しく出発しなければならない[7]」である。その後の日本は、「ポツダム宣言」を受諾し、ここでカイロ宣言の「条項を履行」（第8条）すると声明した。この「ポツダム宣言」を1945年9月2日の降伏文書で「履行」すると約束して、降伏が最終的に認められた。その意味で、尹奉吉の行動が「朝鮮の自由独立」を書き込ませる契機となったことは、その後の国際社会の中での影響と共に特記すべきことがらであろう。

(4) 中国民衆の対朝鮮感情の好転

第2に、第1点と関係があるが、中国政府の要人だけでなく、中国民衆の対朝鮮感情を変えた点である。その契機となったのは、1931年7月2日の万宝山《まんぽうざん》事件であった。中国東北部(満州)の吉林省長春万宝山で、この日、中国人農民と朝鮮人入植者との間で朝鮮人農民の灌漑工事を巡って衝突事件が起こった。この約10ヶ月前に朝鮮の独立をめざす人々は、中国共産党の指導で、貧農層を組織して武装蜂起を起こした。日本側と中国政府の両方から弾圧された朝鮮人独立運動家たちの中には、万宝山で農作業に取り組む人々もいた。朝鮮人農民は中国人の農地を通って灌漑設備用の水路を引いた。中国人農民はその水路を壊そうとして朝鮮人と衝突した。これが誇張されて双方に伝わった。朝鮮側では「中国の不法と同胞の負傷」というニュースが、急速に反中国感情を煽った。朝鮮全土で中国人への襲撃が繰り返された。一方満州では、中国人の報復が相次ぎ、朝鮮人は戦々恐々とせざるを得なかった。これに対して日本は、朝鮮人の反中国感情を扇動し「中朝抗日勢力の離間を狙」[8]った。やがて引き起こす満州事変で、中国人、朝鮮人双方の敵対感情を利用しようとした。「漁夫の利」狙いである。まさにこの時、尹奉吉の行動は、朝鮮人の抗日闘争、「百万の中国軍」に匹敵する1人の朝鮮人の勇気を中国人の心の中に刻印した。朝鮮人とは敵対関係ではなく、共に日本の侵略に対して戦う同志である、と。

注)

（1）梅軒尹奉吉義士記念事業会・梅軒尹奉吉全集編纂委員会『梅軒尹奉吉全集』第2巻、梅軒尹奉吉義士記念事業会梅軒研究院2012、600頁

（2）同書、597頁

（3）同書、599頁

（4）金度享、前掲書、60頁

（5）（6）（7）李康勲著、倉橋葉子訳『わが抗日独立運動史』三一書房、1987、170頁

（8）西川正雄他編集『角川世界史辞典』角川書店、2001、916頁

XIII　世界的視点でのレジスタンス、独立運動

(1) フランスにおけるレジスタンス

憲法も国会も許さず、弾圧法のみ存在する秩序が合法とされるとき、その打破すなわち、非合法の行為をも含めたあらゆる人間の行動が、レジスタンスである。１９４０年6月14日、ナチス・ドイツはパリに入城し、フランスを3分割した。①ドイツは仏との国境地域（アルザス・ロレーヌ）を自国に併合し、②北・中部は占領し、直接支配をする。憲法、国会などは廃止され、報道機関、雑誌、映画は徹底した検閲を受け、ナチスの宣伝機関と化す。ドイツ兵士１人の殺傷に対して１００人の処刑で報復が常態化する。③南部の支配を、ナチスに協力するペタン元帥を首班とする政権（ヴィシー政権）に肩代わりさせた。アルジェリア等のフランス植民地をこのヴィシー政権に組み込んだ。南部地域のペタン元帥は、40年6月30日、国民議会を招集し、第3共和政を廃止する。フランス共和国憲法の持つ自由・平等・友愛を排除した。代わりに「家族」（家父長制）、「労働」（親方・徒弟の格差労働、労働組合の解散）、「祖国」（国民主権の否定と、祖国・国

ドイツ占領下のフランス（1940.6）
（河野肇訳、『フランスの歴史』ケンブリッジ版 世界各国、創土社、2008）

家の絶対視）をスローガンに掲げた。

40年7月11日、ペタンは自らが国家主席になり、国会を停止させた。ナチス・ドイツはヴィシー政権の協力で、物資、人、財産、資源を掠奪する。ドイツ本国での労働力不足を補うために、「義務労働法」を制定し、65万人のフランス人をドイツへ連行し、強制労働をさせた。ユダヤ人を捕らえて強制収容所へ送り、8万3千人を殺戮した。42年11月11日、ドイツはこの南部地域にも侵攻し、フランス全土を占領・併合する。

憲法も葬り去られた。こうした圧政に対して、フランス国民のレジスタンスは占領直後から始まる。ドイツのベルリン国立抵抗記念館に匹敵するフランスの資料館は、パリ東南のシャンピニにある「国立抵抗記念博物館」である。その他にフランス全土には、約300の国公立のレジスタンス記念博物館があるという[1]。これらの博物館はレジスタンスとは武力闘争を含む「占領軍に打撃を与えそうなあらゆる活動」であることを示している。これがレジスタンスの国際水準である。レジスタンス史を鳥瞰すれば、フランスの独立運動史は、ロンドンのド・ゴール派の亡命政権とフランス国内のレジスタンスがやがて統一し、「全国抵抗評議会CNR」を結成し（1943・5・27）、独立を武装蜂起で成功させる過程といえる。ド・ゴールは40年6月18日、亡命地からフランス国民にメッセージを寄せる。武力闘争による徹底抗戦を主張し、「兵器の技術者の諸君、私とともにたたかうために集まってほしい[2]」と呼びかける。

レジスタンスには、逮捕された仲間の救出やその家族の支援、闘争資金の捻出、ドイツ軍施設の破壊活動、列車の爆破、親独派への闘い、ドイツ軍の動静の情報収集、逃走ルートの確保と拡張、職業証明書、身分証明書の偽造など、「あらゆる活動」が含まれる。ストライキも有効な手段であった。とりわけ南部の占領地で行われた41年の大規模なストライキは、石炭貯蔵庫を占領軍から守る闘いとして記録されている。さらにナチス高級将校の暗殺も実行。山本耕二氏によれば、ロンドン亡命政府が、フランス国内に組織した「自由フランス」は①情報網　②脱走網　③実行網を備えていたという。[3]

①②は非暴力を主とし、③は武力闘争である。①では、ドイツ軍の動向、兵器の装備状態、軍需工場・補給基地の位置などを亡命政府に伝え、ドイツの英国空爆を破綻させた。②では脱走後に再び戦列に復帰し、ドイツ軍との戦いに参加したフランス人が何千もいたという。③の実行網では、フランス国鉄を使い移動するドイツ軍列車の爆破、軍事施設の破壊などが目指された。「あらゆる活動」には多くの人々の合法的な協力、非暴力の闘いも不可欠であった。

(2) ポーランドにおけるレジスタンス

①2つの武装蜂起

1939年9月1日、ドイツ軍は突如ポーランドに電撃戦で侵攻し、4週間で降伏させた。3日には英仏がドイツに宣戦布告をし、ヨーロッパ側で第二次世界大戦が始まった。ソ連も独ソ不可侵条約の附属秘密議定書に基づいて、ポーランドに侵攻。独ソ両国でポーランドを分割占領した。ポーランドの対独レジスタンスでは、とりわけ2つの蜂起が有名である。第1は「ゲットー蜂起」である。ナチス親衛隊は、初め自らが造ったワルシャワのゲットーにユダヤ人を閉じ込め、次にはこれを解体し、焼き払い、収容者の殺害と強制収容所への移送を始めた。43年4月19日、ユダヤ人からなる「ユダヤ人闘争同盟」が貧弱な武器で、圧倒的な火力と軍事力のドイツ占領軍への抵抗（「ゲットー蜂起」）を開始し、約1ヶ月後に鎮圧された。約30年後の72年12月7日、西独首相ヴィリー・ブラントが、武装蜂起を讃える記念碑の前で、雪解けの氷水に直接両膝をつき、両手を組んで黙祷した姿は、今日もなお世界中の人々の心に焼き付いている。日本の歴代の政治指導者には見られない、ドイツ指導者の戦後反省である。93年4月19日、ドイツのヴァイツゼッカー大統領はワルシャワ・ゲットー蜂起50周年記念式典に声明を寄せ、蜂起した人々の勇気を次のように賞賛した。「成功の見込がないにもかかわらず、人びとは生命の価値と自由に尽くしました」[4]。

もう1つは、44年8月1日から始まるワルシャワ市民とポーランド国内軍の「ワルシャワ蜂起」である。最近の研究では、両蜂起はバラバラに行われたのではなく、相互に支援がなされたことが知られてきた[5]。

②ローザ・ロボタの武力抵抗

ポーランドのレジスタンスで是非とも記しておきたい人物がいる。ポーランドでも女性の抵抗運動家の多くが、人びとの記憶から忘れ去られている。ベルリンの国立抵抗記念館は、アウシュヴィッツで対独抵抗運動に従事し、これに失敗した後、公開絞首刑されたポーランド出身のユダヤ人女性、ローザ・ロボタを常設展で記録している[6]。

アウシュヴィッツ強制収容所内での無数のレジスタンスの中には、残虐な実態を口伝えではなく、写真でなんとか世界に伝えようと努力した人びとがいた。44年夏、レジスタンスはカメラを持ち込むことに成功した。このとき秘かに撮影された3枚の写真は世界に衝撃を与えた。もう1つは、焼却炉の爆破だった。むろんゴミ焼却炉ではなく、人間を焼く焼却炉である。このためにはすでに述べた保険企業アリアンツと収容所内管理部の監視と消防隊のスキをぬわなければならない。ユダヤ系の家庭に生まれたロボタは、対独抵抗運動に加わったが仲間と共に逮捕される。そして絶滅収容所アウシュヴィッツに連行。収容所の周辺には、収容者の労働力に目をつけた大企業が群がり、彼女も金属工場で奴隷労働をさせられていた。収容所では、地下活動グループと接触する。工場から火薬を盗み、収容所内に運び込む。

ナチスは収容者の統率、管理、死体運搬、焼却処理などの〈日常業務〉を、通常自分たちは行わず、「カポ」と呼ばれるユダヤ人に肩代わりさせていた。彼女は、焼却炉を担当する「カポ」に接触し、44年10月7日、アウシュヴィッツ第3焼却炉を爆破した。爆薬の製造に力を注いだ彼女は、運悪く逮捕される。拷問をされたが、協力者の名前を一切口にすることはなく、翌年の1月5日、収容者たちが居並ぶ中で、絞首刑が行われた。爆破に解放の希望を見出したロボタに続いて、「通常の合法秩序の打破」をめざす勇気を持ったレジスタンスが現れないようにするための公開処刑であった。

③ヨーロッパの歴史教科書

前章でレジスタンスとは、ポーランドでも「あらゆる活動」を含むことを確認した。以下に欧州の教科書がこの「あらゆる活動」をどのように描いているかに移りたい。民衆が「武力抵抗」に訴えるかどうかは、公権力が「他の救済手段」（ドイツ基本法）を保証するか否か、という歴史的条件に関わる。「理由のいかんを問わず、暴力を排す」などと「暴力的抵抗」それ自体を状況から切り離して論ずることはできない。

ここで欧州の歴史教科書の記述をみてみよう。欧州12ヶ国が共同で作成した、初の欧州共通歴史教科書『ヨーロッパの歴史』は、「（レジスタンスは）ストライキ、妨害活動、テロ、スパイ工作など、占領軍に打撃を与えそうなあらゆる活動を利用した」(7)と書いている。憲法も議会も停止されたフランスは、連合軍の侵攻を追い風に、自力でレジスタンスが武力解放した。フランスの高校歴史教科書は、連合軍がフランスのノルマンジーに上陸した時、次のように記している。米英連合軍は「ドイツ軍を執拗に攻撃するレジスタンス活動家たちを頼みにできた。彼らは、ダイナマイトによる爆破、線路の破壊活動などを行った」(8)

侵略者側であったドイツの高校歴史教科書は、44年7月20日のヒトラー暗殺計画をあげ、陸軍大佐クラウス・フォン・シュタウフェンベルクがヒトラーの暗殺計画に踏み切る決意に触れている。「彼はヒトラーよりもドイツを救済することが道徳的義務であると考え（略）暗殺計画と反乱を成功させて新たなドイツ政府を樹立しようとする」(9)他のレジスタンスのメンバーと連絡を取り合っていた。エルザーは「ヒトラーを時限爆弾で殺害しようとした。（略）ほんの偶然により失敗した」[10]

注）

（1）J＝F・ミュラシオル著、福本直之訳『フランス・レジスタンス史』白水社、２００８、１６６頁

（2）ヴェルコール著、森乾訳『沈黙のたたかい』藤森書店、１９７８、14頁

（3）山本耕二『母と子でみる祖国フランスを救え　レジスタンスにかけた青春』草の根出版会、２００１、同書、25頁

（4）荒井信一『戦争責任論』岩波書店、２００５、１３８頁

（5）Michael Berger : Unter Waffen-Neue Forschungen über das Ausmaß des Warschauer Ghettoaufstands, Jüdische Allgemeine, 2008.11.20

（6）Gedenkstätte Deutscher Widerstand, Ausstellung Widerstand gegen den Nationalsozialismus, 21.4, Die Aufstände in Auschwitz-Birkenau und im Warschauer Ghetto

（7）フレデリック・ドルーシュ総合編集、木村尚三郎監修、花上克己訳『ヨーロッパの歴史　欧州共通教科書第2版』東京書籍、２００２、３４６頁

（8）マリエル・シュヴァリエ、ギョーム・ブルレ監修、フランソワ・ゲジ他12名著、福井憲彦監訳、遠藤ゆかり、藤田真利子訳『フランスの歴史―フランス高校歴史教科書』、明石書店、２０１１、３１４頁

（9）（10）ヴォルフガング・イェーガー、クリスティーネ・カイツ編著、前掲書、３７０頁

XIV 尹奉吉の闘いの意味

最後に、尹奉吉のレジスタンスに再度言及したい。先に尹奉吉の歴史的位置に付いては、中国からの評価を挙げた。命をかけた義挙は日本に対する中国・朝鮮軍の協同闘争に貢献した。日本では治安維持法が、朝鮮においてより過酷に適用された事実がほとんど知られていない。したがってこの弾圧法下で闘った朝鮮、満州などの独立運動が着目されていない。日本の書籍では主として日本支配下の愛国啓蒙運動、自彊運動が取り上げられ、「あらゆる活動」は2次的である。1例を挙げれば、中学校歴史教科書では、対独抵抗には「武力などによる抵抗運動（レジスタンス）」[1]と書き、「あらゆる活動」を示しているが、対日抵抗には単に「抵抗運動」[2]と記すだけである。だが抵抗の国際水準は武力闘争を含む。尹奉吉のみならず、その前の朝鮮の義兵闘争は、フランスの反ナチレジスタンスやエルザーと同様に国際水準にある。啓蒙運動は大変重要だが、これを超え、「あらゆる活動」に進んだ尹奉吉は、帝国主義列強に抗した世界の独立運動史に大きな意義を持っている。江華島事件から始まる70年間の挑発、経済侵略、搾取、収奪、凄惨な弾圧、拷問、虐殺、治安維持法。憲法と国会なき朝鮮総督府の統治（命令政治）下で、これらに立ち向かい、ひるまず、祖国の独立のために命をかけた人々の努力は、世界史に輝く。現代においてこのことは、憲法と議会を無視し、国民に批判と抵抗の余地を保証しない公権力は、「あらゆる活動」に直面させられ、民衆の「抵抗が義務」となることを意味する。その際、「あらゆる活動」は、否定的に、やむを得ない方法として理解するのではなく、正義・公正の実現として積極的にとらえるべきであろう。イスラエル占領下のパレスティナはよい例である。尹奉吉の独立精神と「あらゆる活動」は、国境を超え、世界史的な意義を持っている。

注)
(1) 五味文彦、戸波江二、矢ヶ崎典隆『新しい社会　歴史』(中学校社会科用)東京書籍、2015、207頁
(2) 同書、211頁

あとがき

ここで「徴用工」問題に端を発した現在の日韓の問題に触れ、最後に私たちの友好・交流運動について述べ、あとがきとしたい。

「完全かつ最終的に解決」されていない

韓国大法院（最高裁）は、2018年10月、新日鉄住金に対して、4人の韓国人「元徴用工」（強制労働者）に1人あたり1億ウオン（約1千万円）の支払いを命じた。これに対して、安倍総理は、次のように答弁している（2018年10月30日　衆議院本会議）。①「元徴用工」の個人賠償請求権は、日韓請求権協定（1965年）により「完全かつ最終的に解決している」ので②判決は「国際法に照らしてありえない判断」である。以降、政府は、個人の賠償請求権は、日韓請求権協定（日韓条約）で、解決済みであるので、賠償支払い命令が出された日本の企業に、補償金の支払いをしないよう指導をしている。もし支払えば、「日本企業と国民が不当な不利益を被る」（河野外相）とのべた。対立を「日本の企業と国民」対「韓国」という誤った図式に誘導し、「日本を韓国から守れ」と「嫌韓」を煽っている。ナショナリズムにとらわれてはならない。

韓国大法院判決の核心は、「徴用工」として強制動員された4名が、新日鉄に対して慰謝料の請求権があることを認めた点である。真の図式は、反人道的な不法行為を行った新日鉄と被害者の韓国人4名の対立である。4人には、賃金が支払われず、感電死の危険にさらされる過酷な労働を強い、食事は粗末で、外出が許されず、逃亡を企てたとして体罰が加えられた（「元徴用工の韓国大法院判決に対する弁護士有志声明」2018年11月29日）。対立は「韓国対日本」でもなければ、「韓国人対日本人」でもない。

1ヶ月後に出たもう1つの大法院判決では、三菱重工業に同様の判決が出された（2018年11月29日）。「元徴用工」たちは、大法院判決の約10年前に日本で裁判を起こし、広島地裁で敗訴。しかし、広島地裁も三菱の反人道的な労働実態を次のように認定している。有刺鉄線付きの寮に入れられ、「腐敗した飯を食べさせられ、給与の半分は家族に送ると言われたが、実際には送られていなかった」（吉澤文寿）。問われているのは、日本企業の朝鮮人「元徴用工」への不法行為である。日本国民の反人道的不法行為ではなく、私たちに補償金の支払いを命じているわけでもない。

大法院の判決が出て以来、政府も野党の一部も、韓国人個人が日本の企業や政府に賠償を請求する「個人請求権」はないと大合唱を繰り返している。だが、日本政府は過去も現在も一貫して、他国の1個人が国境を越えて日本の政府や団体に損害賠償を請求する「個人請求権」は存在すると言い続けてきた。例えば、1991年には、高嶋有終、柳井俊二の2人の外務省高官（条約局長）が、日韓条約を締結しても、「個人の請求権そのものを消滅させたというものではない」と国会で答弁している。河野外相も大法院判決後に「日韓請求権協定で個人請求権が消滅したわけではない」（衆議院外務委員会）と発言している。日本の最高裁判所は２００７年、西松建設の中国人強制労働者に対する判決の中で、被害者たちの「精神的、肉体的苦痛が極めて大きく、同社が中国人労働者らを強制労働に従事させて相応の利益を受け、更に補償金を取得している」と指摘した。被害者たちは、裁判では敗訴したが、裁判以外の道で「個人請求権」を主張することができるので、判決は付言にて「同社ら関係者が被害の救済に向けた努力をすることが期待される」と述べた。西松建設は、この被害者たちの裁判外での「個人請求権」を受け止め、具体的な「救済の努力」として、謝罪の意を表明、基金を創設し、補償金を支払うことで、２００９年に和解をした。

韓国人強制労働者への和解も、既に3件が記録されている。うち1件は、連行先の日本鋼管川崎製鉄所の工場内で暴行され、傷害を受けた金景錫《キムギョンソク》さんの場合である。東京高裁は被害事実を認定したが、時効で賠償請求を棄却した。だが１９９９年、高裁は和解を勧め、初の法廷での和解が成立した。２０００年にもう一つの和解が最高裁で成立した。強制連行・労働に対する未払い賃金や損害賠償を求めた不二越強制連行訴訟である。先立つ富山地裁では、強制連行とは力ずくで連行するだけではなく、少女たちを学校に行ける、お稽古ごともできると「欺罔《ぎもう》」（欺すこと）して連行したことも強制連行にあたると判断された。請求自体は、不当にも時効、除籍を理由に却下されたが、強制連行があったという歴史的事実は詳細に認定している。

これらの例では、韓国人強制連行・労働の問題は、日韓請求権協定で「完全かつ最終的に解決」されてはいないことを示している。しかし、本質的には、そもそも国であろうと団体であろうと、不法で残虐なことを行えば、国境のこちら側に住む人であろうと、向こう側に住む人であろうと、その人は個人として賠償を請求し、国、団体は謝罪し、補償するのは当然である。日韓請求権協定で「解決」されたのは、日本と韓国の国家間の問題だけであり、日本の政府・企業と韓国国民との間の問題が「解決」されたわけではない。日本は、韓国国民の個人請求権を否定することはできない。

憲法、国会なき治安維持法体制

日本は、朝鮮を1910年～45年まで、植民地にした。明治憲法を朝鮮には施行せず、国会も開かせなかった。朝鮮民衆の声、主張を反映する制度を創らなかった。朝鮮の民衆の批判、抵抗はとりわけ治安維持法で弾圧した。政治・文化・社会活動を抑圧した治安維持法は、日本では死刑判決を1件も出していない。一方、この法律は朝鮮でこそ猛威を振るい、幾多の死刑判決をうみ出している。憲法、国会なき朝鮮では、法律は日本でつくられ、朝鮮総督府がこれを「制令」(「命令」)として、民衆に強制した。植民地時代とは、民衆の意思を汲み、意見をたたかわせる制度を全く創らない「弾圧・強制体制」であった。朝鮮の民衆の意思が反映されない抑圧と命令体制であったので、すべてが強制である、と私は考える。

日本国家が賃金未払い、遺骨・貯金未返還

日本政府は、戦争による労働力不足から「朝鮮人内地移入斡旋要綱」（1942年）や「国民徴用令」の適用（1944年）を根拠に、朝鮮から70万人以上を連行した。日本、サハリン、「満州」だけではなく、太平洋のブラウン環礁（現在、マーシャル諸島共和国）にまで人々は強制連行された。ここで軍属として飛行場建設などに強制された301人は、賃金は支払われず、日本兵と一緒に玉砕を強いられた。国家が「徴用」しておきながら、遺族には、生死の連絡や遺骨の返還もせず、貯金も返還しなかった。1990年「韓国太平洋戦争犠牲者遺族会」は、厚生省に名簿の公開と遺骨の返還を求めた。厚生省は「遺族には答えられない、韓国政府に聞いて下さい」と回答（1992年、山形テレビ）。代表は声をふりしぼり、尋ねた。「帝国臣民として、日本の戦争に連れて行ったのですから、最低、生死の確認をする義務があるはずです。戦死者の遺族が、自分で生死の確認をしなければならない国が、いったい何処にあるでしょうか。それが本当に今の日本の良心なのですか」

ここで許されないのは、ブラウン玉砕者の名簿作成時に、日本人名簿から朝鮮人名簿を切り離したことだ。その理由は「日本人遺族にのみ恩給、年金を支給するためでしょう」（岡本明厚生事務次官）。初めて父の死を知らされた卞守秉《ピョンスビョン》さんは、山形テレビの記者に「名簿を持ってきてくれてありがとう。知らせてもらってよかった」と述べた。創氏改名で日本人として玉砕させ

られたにもかかわらず、日韓会談後25年も経ち、なお日本は、遺骨、名簿、生死の確認をせず、戦後補償からも除外したままであった。

90年代に入り、「やっと届けられた『戦死公報』には、靖国神社に合祀されていると書いてありました。（略）遺族に「戦死公報」も出さないのに、一方的に靖国合祀をしていたのです」（内海愛子）。

だが、これらは残虐な植民地支配の一端でしかない。「日韓会談で完全かつ最終的に解決」は、安倍総理を初めとする歴代保守政権の嘘とデマであり、私たちにもそのフェイクを許している責任がある。

司法の独立を犯すな

さらに問題なのは、日本政府が韓国政府に対して大法院判決を取り消すよう求めている点である。韓国の行政が司法に介入せよ、と迫っている。司法が行政に追随し、司法の独立が犯されている日本を韓国も見ならえというわけだ。

１９５９年、東京地裁は、憲法９条に基づいて、立川基地の「米軍駐留は憲法違反」という判決を出した（伊達判決）。政府は、高裁を跳ばして、最高裁に上告した。最高裁長官・田中耕太郎は、判決前に、米大使に会い、裁判情報を伝え、「１審の判決は覆されるだろう」という印象を与えた（米外交公文書）。裁判所法で定められている守秘義務を最高裁長官自らが破り、司法と裁判官の独立を米国に譲り渡した。のみならず、問題は、高度に政治的な問題は、裁判所は判断をせず、「政治部門の判断を丸呑みします」（長谷部恭男）との理論（統治行為論）を広めた。というのも、最高裁は、安保条約は高度の政治性を有するものであり（略）裁判所の司法審査権の範囲外である、と判決を下したからである。安倍政権は、韓国政府に働きかけて、韓国最高裁の判断を無視せよと圧力をかけている。韓国の司法権の独立を犯せと迫っている。文在寅政権は、司法権の独立、三権分立を根拠に拒否し続けている。私はこの姿勢を支持したい。

韓国バッシングをやめよ

日本の韓国バッシングの原因は、日本側が朝鮮半島の植民地化と先の戦争を反省していない点にある。2015年、安倍首相談話には次のような文言がある。かつて日本は「外交的、経済的な行き詰まり」を「力の行使によって解決しようと試み」たと。しかしその力の行使は1931年の「満州事変」以降に限定されている。本書でふれたように、明治初期から始まる征韓論、朝鮮支配をめざした日清・日露戦争、1910年の武力による韓国併合については、何も述べられていない。

権力者は、現在と未来の支配にとって都合の悪い過去の支配例を歴史から消し去ろうとする。記憶の抹殺、忘却の政策である。過去に目を開き、「韓国対日本」の対立図式を拒否し、安倍政権の進める韓国への抑圧政策をやめさせる正念場を迎えている。

友好・交流運動

私たちができるささやかな1つとして、尹奉吉を通した日韓の交流を挙げたい。私の属する「尹奉吉義士共の会」は、先人が築いた尹奉吉の生まれ故郷である礼山郡との関係を引き継ぎ、尹奉吉を顕彰する韓国月進会との交流を続けている。その基本は歴史認識である。本書で述べたように、日本の幕末の征韓論、江華島事件に始まる「利益線」「生命線」の拡大は、はっきりと侵略の第一歩であると認識し、続く植民地支配を反省し、2度と繰り返さないことが、私たちの友好・交流の原点である。

交流の1つはシンポジウムであり、討論会である。ここで韓国月進会理事でジャーナリストの李準秀《イジュンス》氏は「もし尹奉吉が現代に生きていたならば、何をしたであろうか」という問いを出した。ご自身の回答は「社会的企業の運動に取り組んでいたかもしれない」であった。この問いも答えも私は考えたこともなかった。本書でふれたように、眠る間も惜しんで農村啓蒙活動に取り組み、18才で『農民読本』3巻を著し、この本の実践として「復興院」を設立。購買組合、養鶏・養豚などの副業の奨励を通して、生活の豊かさだけではなく、農業を基本とした社会性、共同性、連帯意識の涵養。こうした姿勢は、現在韓国で広がっている社会的企業の精神と符合している。

私は、尹奉吉やゲオルク・エルザーの思想と行動を、憲法もなし、国会もなし、すなわち民意を汲み、民意を相互にたたかわせ、政治指導者を民衆の意思で変える仕組みを保障せず、つくったのは治安維持法に代表される弾圧法のみ、という歴史的条件下で考察した。この歴史的条件が変われば、別の生き方が拓けてくる。社会的企業家としての尹奉吉像に新鮮な魅力を感じた。

尹奉吉を通した日韓の交流は、国家間の「冷戦」にもかかわらず、多様に繰り広げられている。毎年、4月29日を含む1週間は、尹奉吉の故郷礼山郡で、「尹奉吉祝祭」が開かれる。会場周辺には、男性と女性独立運動家100人以上の顔写真と業績がパネルで展示される。尹奉吉を主人公とした学生たちの演劇、中国・モンゴル・日本からの演奏家と韓国の民族音楽とのコラボなど創意工夫に溢れる催し物が、全国から集まる人々の注目を集める。この中に、金沢で処刑された尹奉吉の写真を前に、処刑を体験するコーナーも設置される。処刑の「疑似体験」である。私たち金沢を中心とした「尹奉吉義士共の会」も15年以上に

尹奉吉処刑写真の前で、処刑の疑似体験（尹奉吉祭典にて、忠清南道礼山郡）

わたり、毎年この「祝祭」に参加してきた（あとがきの最後に、祝祭に寄せた「挨拶文」を掲載します）。代わりに月進会を含む多くの韓国人が毎年金沢を訪れ、東アジアの平和創出の討論に加わっている。

もう1つは、爆弾を受け、約1ヶ月後に死亡した白川義則大将の生まれ故郷である松山市の人々と韓国との交流である。とりわけ愛媛大学の和田寿博教授と学生たちは、2009年から、礼山郡の市民や学生たちと相互訪問と交流を続けている。

さらに、白川大将と同じ壇上にいて、負傷した高官の子孫（曾孫）と礼山郡との交流が今年実現した。自分の曾祖父が負傷したにもかかわらず、日本の負の歴史から目をそらさず、独立運動をなんとか若い心で理解しようと努力する、ひ孫にあたる方ご夫妻の姿勢に私は感銘をうけた。

拙著は、韓国の独立運動の研究者たち、韓国月進会の人々との交流と、彼ら、彼女たちからの学びにより生まれた。肩書きをとり、全員「さん付け」でお名前を記し、感謝を申し上げたい。金祥起さん、尹素英さん、李佑宰さん、李泰馥さん、尹舟さん、尹柱卿さん、小川哲代さん、故尹圭相さん、尹哲鉉さん、柳興善さん、朴成默さん、尹八弦さん、姜泰元さん、李柱應さん。また、シンポジウムでの私の拙稿にコメントを下さり、私の至らない点を指摘して下さった鄭雅英さん、辛珠柏さん、私のつたない話を聴いて下さる会を設定し、多くの質問を寄せていただいた中谷美世子さん、日露戦争の膨大な書籍を譲って下さった森岡智恵子さん、多くの資料を送って下さった小嵐喜知男さん、朴賢沢さんたち月進会日本支部の方々、森一敏さんをはじめとする「尹奉吉義士共の会」の〈同志〉たちの一人一人にも感謝したい。校正にて、私の誤りを数多く指摘して下さり、私の想像を超えた題名と装丁を提示して下さった三一書房には感謝の言葉もない。最後になりましたが、ここまで拙著におつきあい下さった読者の皆さんにお礼を申し上げます。

◎ゲオルク・エルザーと尹奉吉を扱った主な日本語の書物、資料集を出版年代順に列挙したい。

ゲオルク・エルザー

・西村明人訳「犯罪に抗して」ペーター・シュタインバッハ、ヨハネス・トゥヘル著、田村光彰、斎藤寛、小高康正、西村明人、高津ドロテー、土井香乙里訳『ドイツにおけるナチスへの抵抗1933~1945』現代書館、157~161頁、1998

・田村光彰「第三帝国と記憶の継承――ヨハン・ゲオルク・エルザーの警告の碑」金沢大学独文研究会『独文研究室報』第17号、17~32頁、2002

・田村光彰「孤独な反ヒトラー抵抗者」田村光彰、村上和光、岩淵正明『現代ドイツの社会・文化を知るための48章』明石書店、178~181頁、2003

・田村光彰訳「13分が世界史を演ずる」ヴィル・ベルトルト著、田村光彰、志村恵、中祢勝美、

中祢美智子、佐藤文彦訳『ヒトラー暗殺計画・42』社会評論社、187〜235頁、2015

・對島達雄『ヒトラーに抵抗した人々』中央公論社、98〜112頁、2015

尹奉吉

・森川哲郎『現代暗殺史』三一書房、109〜113頁、1971

・大戸宏「処刑のあとさき」『金沢小説小品集V』大和印刷社、1〜111頁、1991

爆弾の投擲─軍法会議─大阪を経て金沢に移送─処刑─遺骨の発見までを、戯曲風に叙述。大変読みやすく、著者の尹奉吉を見る目が優しい。該博な歴史的知識と弱き者への共感に溢れ、尹奉吉研究の日本での先駆的な作品。是非、一読をお勧めします。

・梅軒研究会『キョレイ通信──尹奉吉義士特集』(第1号)1994・12・19。尹奉吉の墓の維持と尹奉吉や日韓関係の解説・流布に多大な貢献をされた在日朝鮮人一世の朴仁祚氏により発刊された。氏の死後、月進会日本支部(朴賢沢支部長)により9号(2017・10・3)が刊行されている。

・山口隆『4月29日の尹奉吉』社会評論社、1998

・大戸宏「殉国の義士、尹奉吉の最後」『アクタス』北國新聞社、2003・12

・金学俊著、李琇恒、河田宏、朴淳仁訳『評伝 尹奉吉──その思想と足跡』彩流社、2010

尹奉吉の伝記を詳細に扱った日本で初めての作品。彼の思想と行動を知るための網羅的で、事典の役割を果たしている優れた作品である。

・「アジアと小松」編集委員会『上海爆弾事件後の尹奉吉』２０１２・４・29。尹奉吉を扱った新聞資料、著作、裁判記録、尹奉吉資料を所蔵する全国図書館などを紹介する詳細で膨大な記録集。在日韓人歴史資料館（韓国中央会館別館）に所蔵されている。

・田村光彰「尹奉吉義挙に関する日本側の受容――抵抗闘争の評価をめぐる日独比較を通して」独立記念館、梅軒金九先生記念事業協会、尹奉昌義士記念事業会、梅軒尹奉吉義士記念事業会『韓国独立運動と義烈闘争』１８０～１９９頁、２０１２・12・29、日本語と韓国語

・月進会《ウォルジンフェ》日本支部長・朴賢沢『尹奉吉義士の暗葬地を保存する』２０１７・４。尹奉吉の生涯の概略、暗葬地（墓）の整備とその経過、道順等を扱った簡便な案内書。

・『尹奉吉義挙と世界平和運動』独立記念館、２０１７・12、７～１９０頁。２０１７年に行われた日韓共同学術会議の論文集。主催は独立記念館、立命館大学コリア研究センター、一橋大学韓国学研究センター、尹奉吉義士共の会、月進会日本支部の５者。この第一部に、尹奉吉を扱った日韓の研究者による４本の論文とコメントが、日本語と韓国語の両方で収録されている。

挨拶文　尹奉吉平和祝祭に寄せて

2019年4月29日（忠清南道礼山郡にて）
尹奉吉義士共の会会長　田村光彰

第46回尹奉吉平和祝祭の開催おめでとうございます。とりわけ3・1独立運動と大韓民国臨時政府100周年の今年、参加をさせていただき、感謝をしています。私たちは日本の6つの都市から参りました。白山市、敦賀市、高岡市、野々市《ののいち》市、神戸市そして金沢です。

3・1独立宣言文では、「朝鮮人が自由な民」であり、「人類が平等」であり、「民族が自分たちで自分たちのことを決めていく」権利が高らかに宣言されています。宣言文は、武力による過酷な弾圧政治を行っていた日本に対しては、厳しい言葉で責めてはいません。朝鮮の独立は「道義を見失った日本を正しい道に戻す」ことである、と日本人の心に呼びかけ、諭し、覚醒を促しています。しかし、弾圧を覚悟のこうした訴え、血の叫びを受け止めて、良心の呵責を感じる日本人はほとんどいませんでした。

宣言文は、民族の誇りを大切にし、「世界の文化に貢献」したいという国境を越えた、普遍的な思いであふれています。正義、人道、自由の精神は、「排他的な感情」に陥ってはならないと謳っています。ところが、今日、世界は「自国第一主義」「異民族を追い出せ」という排外主義が大手を振るっています。

第二次大戦後、日本と同じ敗戦国のドイツは、ファシズムとナチスの過去を強く、深く反省していいます。ファシズムがもたらす排外主義は、表現の自由ではなく、犯罪であると宣言しています。したがって刑罰の対象です。一方、日本の支配者たちは、歴史に反省するどころか、「日本の韓国統治は公平」（石原慎太郎元東京都知事）であり、韓国併合条約は「円満に結ばれた」（渡辺美智雄元副首相）などと歴史の偽造を行っています。歴史の偽造は、日本政府により現在も続けられ、公文書が隠蔽され、故意に原文が書き換えられる改竄が続発しています。例えば、幼稚園の児童に、日本の軍国主義そのものである教育勅語を暗唱させ、「日本を悪者扱いする中国と韓国が心を改めよ」と教える森友学園の問題は、全く終息していません。日本の財務省は、この森友学園に国有地を大幅に値引きして売り、その取引の決裁文書を改竄し、偽造しました。すでに3・1独立宣言が、100年も前に、こうした日本の偽造を批判しているのです。すなわち朝鮮総督府は「いいかげんなごまかしの統計数字を持ち出して」、朝鮮支配を美化している、と述べています。かつて朝鮮民族などの「他民族を騙す支配者は自民族をも騙す」（外村大）のです。朝鮮の人々を騙したことに抵抗をしなかった日本は、今、自分たちが騙されているのです。良心と真理に基づく3・1独立運動のほとばしる怒りと叫びに耳を傾けて来なかったためです。

私たちは、植民地支配と侵略を認め、アジアの人々に多大の損害と苦痛を与えたことを反省し、お詫びします、という「村山談話」の立場に立ちます。また、植民地支配は韓国人の意に反したものだった、と日本の首相として初めて述べた「菅談話」に着目します。しかし、「損害と苦痛」を「意に反し」て与えたならば、謝罪と補償をしなければなりません。2人の談話は発展させなければなりません。「徴用工」の問題は、そのよい機会です。日本政府は、日韓会談以降、一貫して個人が損害賠償を求める権利は消滅していない、と主張しつづけてきました。慰謝料の支払いを認めた韓国大法院判決と同じ視点です。

尹奉吉義士の義挙、そして3・1独立運動を日本の市民に知らせる努力は、日本政府は言うまでもなく、私たち市民も全く不十分です。現在の政府は、不十分どころか、植民地支配とその抵抗を忘れさせ、なかったことにしようしています。かつてチェコで民主化を求めて亡命をした人は、忘却に抵抗して、次の言葉を残しました。「人間の権力に対する戦いは、記憶の忘却に対する戦いである」。私たちは、韓国への侵略と支配を忘れず、アジアの民族独立運動のさきがけとなった3・1運動から学び、皆さん方との強固な平和連帯に貢献したいと思います。ありがとうございました。

田村 光彰（たむら みつあき）
1946年生まれ。埼玉大学（生化学科）、金沢大学大学院（独文）卒業。
元北陸大学教員、尹奉吉義士共の会会長。
主な著書として『統一ドイツの苦悩―外国人襲撃と共生のはざまで』（技術と人間社）、『現代ドイツの社会・文化を知るための48章』（共著、明石書店）、『ナチスドイツの強制労働と戦後処理―国際関係における真相の解明と「記憶、責任、未来」基金』（社会評論社）
訳書に エルケ・シュテーク他『意識はフェミニズム、行動は地域』（現代書館）、トーマス・エバーマン、ライナー・トランペルト『ラディカル・エコロジー』（共訳、社会評論社）、ペーター・シュタインバッハ、ヨハネス・トゥヘル『ドイツにおけるナチスへの抵抗1933－1945』（共訳、現代書館）ヤン・C・ヨェルデン編『ヨーロッパの差別論』（共訳、明石書店）、ベルント・シラー『ユダヤ人を救った外交官―ラウル・ワレンバーク』（共訳、明石書店）、ゲールハルト・フィッシャー、ウルリヒ・リントナー『ナチス第三帝国とサッカー』（共訳、現代書館）、ヴィル・ベルトルト『ヒトラー暗殺計画42』（共訳、社会評論社）など。

抵抗者
ゲオルク・エルザーと尹奉吉

2019年10月25日　第1版第1刷発行
著　　者　田村 光彰　
発 行 者　小番 伊佐夫
装　　丁　Salt Peanuts
組　　版　市川 九丸
印刷製本　中央精版印刷株式会社
発 行 所　株式会社 三一書房
〒101-0051 東京都千代田区神田神保町3-1-6
☎ 03-6268-9714
振替 00190-3-708251
Mail: info@31shobo.com
URL: http://31shobo.com/

ISBN978-4-380-19008-7 C0036
Printed in Japan